NIVEAU 2

TOUT ADOS

THOMSON

NELSON

Tout ados
Niveau 2

Director of Publishing:
David Steele

Marketing Manager, FSL:
Jodi Ravn

Executive Managing Editor, Development:
Darleen Rotozinski

Developmental Editor:
Laura Jones

Editorial Assistant:
Charlotte Martin

Executive Managing Editor, Production:
Nicola Balfour

Production Editor:
Carolyn Pisani

Copy Editors:
Doreen Bédard-Bull, Linda Cahill

Production Coordinator:
Bev Crann

Creative Director:
Angela Cluer

Interior Design:
Pronk&Associates

Series Design:
Pronk&Associates

Cover Design:
Katherine Strain

Cover Image:
(photograph, top left) © Bob Handelman/Stone; (illustration, top left) Leif Peng; (top right) © AFP/CORBIS/MAGMA; (bottom) Prisma Dia/Nacivet/Index Stock Imaging

Compositors:
Susan Calverley
Doris Chan
Gerry Dunn
Alicja Jamorski

Photo Researcher:
Pronk&Associates; Karen Taylor

Permissions:
Robyn Craig

Printer:
Transcontinental Printing Inc.

National Library of Canada Cataloguing in Publication

Tout ados, Niveau 2 / Art Coulbeck ... [et al.].

ISBN 0-7715-4044-2

1. French language—Textbooks for second language learners—English speakers. I. Coulbeck, Art

PC2129.E5T69 2004
448.2'421   C2004-900569-3

Nelson gratefully acknowledge the contributions of the following educators:

Series Reviewers

Bob Bernier
Paul-Émile Chiasson
Michelle Courville
Jayne Evans
Sherry Ferguson
Sara Garnick
Anne Grant
Joanne Guindon

Elizabeth Kagazchi
Florence La Mantia Hardy
Sandra Loberto
Natalie Mance
Carmen D. McLean
Sylvie Morel-Foster
Stephan Pelland
Richard Rice
Filomena Rinaldi
Françoise Roy
Elizabeth Smith
Melanie Stern

Editorial Consultants

Marie Turcotte
Gladys Jean,
 Sous un soleil imaginaire

NIVEAU 2

TOUT ADOS

Art Coulbeck

Marina Enns

Marie Kozulak-Walker

Angela Monk

Marti Player

Kathy Rose

gagelearning

Table des matières

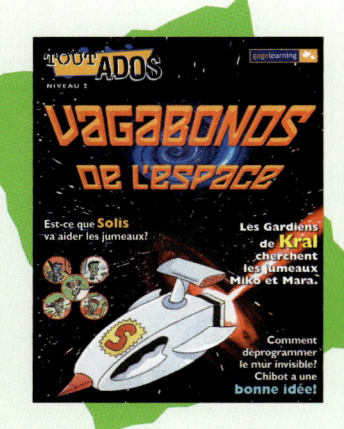

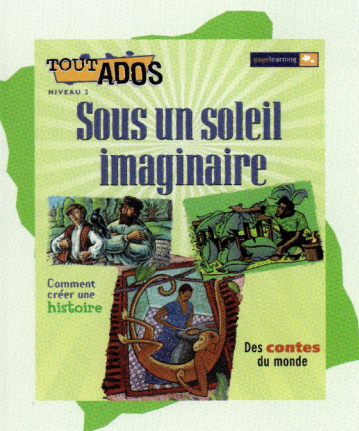

Les stratégies

1. Quand tu écoutes un enregistrement …

Avant l'écoute
- analyse les indices dans ton Livre.
- pense à tes expériences personnelles sur le sujet.
- prédis les idées de l'enregistrement.
- imagine les personnages.

Pendant l'écoute
- écoute d'abord pour comprendre les idées générales.
- remarque l'intonation des personnages.
- essaie de reconnaître les mots connus et les mots amis.
- concentre ton attention sur tes prédictions.
- écoute en plusieurs parties pour comprendre les détails.

Après l'écoute
- La prochaine fois, quelles stratégies vas-tu utiliser ?

2. Quand tu regardes une vidéo …

Avant de regarder la vidéo
- analyse les indices dans ton Livre.
- pense à tes expériences personnelles sur le sujet.
- prédis les idées de la vidéo.
- imagine les personnages.

Pendant la vidéo
- regarde une première fois pour comprendre les idées générales.
- observe attentivement les décors et les vêtements.
- remarque l'expression des personnages.
- essaie de reconnaître les mots connus et les mots amis.
- concentre ton attention sur tes prédictions.
- regarde en plusieurs parties pour comprendre les détails.

Après la vidéo
- La prochaine fois, qu'est-ce que tu vas faire pour t'aider à comprendre une vidéo ?

3. Quand tu lis un texte …

Avant de lire
- essaie de comprendre le titre et les sous-titres.
- regarde attentivement les illustrations.
- pense à tes expériences personnelles sur le sujet.
- prédis les idées du texte.

Pendant la lecture
- lis une première fois pour comprendre les idées générales.
- concentre ton attention sur tes prédictions.
- cherche les mots connus et les mots amis.
- utilise le Lexique ou un dictionnaire.
- lis le texte plusieurs fois pour comprendre les détails.

Après la lecture
- La prochaine fois, quelles stratégies vas-tu utiliser ?

NEL

4. Quand tu écris un texte ...

Avant d'écrire
- rassemble tes idées sur le sujet.
- analyse un modèle.
- prépare un plan de tes idées.

Pendant que tu écris
- rédige d'abord un brouillon.
- fais relire ton texte par un(e) camarade.
- modifie ton plan, si nécessaire.
- ajoute de nouvelles idées.
- prépare la version finale : consulte les tableaux de grammaire ; vérifie l'orthographe dans le Lexique ou un dictionnaire.

Après l'écriture
- Qu'est-ce que tu vas faire la prochaine fois ?

5. Quand tu fais une présentation orale ...

Avant la présentation
- note tes idées sur le sujet.
- fais un plan de ta présentation.
- trouve des aides visuelles et sonores.
- prépare des cartes aide-mémoire et des graphiques

Pendant la présentation
- regarde tous les spectateurs.
- parle clairement et lentement.
- mets de l'expression dans ta voix.
- souris, fais des gestes.
- utilise des aides visuelles et sonores.

Après la présentation
- La prochaine fois, qu'est-ce que tu vas changer dans ta présentation ?

6. Quand tu participes à une activité de groupe ...

Pendant l'activité
- écoute les directives de ton professeur.
- participe activement à l'activité.
- parle français.
- parle à voix basse.
- encourage tes camarades.
- concentre ton attention sur la tâche.
- termine ton travail sans retard.

Après l'activité
- La prochaine fois, qu'est-ce que tu vas faire pour mieux aider ton groupe ?

7. Quand tu fais une entrevue ...

Avant l'entrevue
- renseigne-toi un peu sur le sujet.
- prépare des questions à l'avance.
- pense aux questions : *qu'est-ce que ?, qui ? où ? quand ? pourquoi ?*

Pendant l'entrevue
- présente-toi au début de l'entrevue et présente le sujet.
- pose une première question facile pour démarrer la conversation.
- écoute ce que la personne dit et pose des questions sur ce qu'elle dit.
- aie l'air intéressé par le sujet et la personne interviewée.
- aide la personne interviewée à exprimer ses idées.
- passe des commentaires encourageants.
- sois poli(e) et jovial(e).
- prends des notes ou préférablement enregistre ton entrevue.
- remercie la personne interviewée à la fin de l'entrevue.

Après l'entrevue
- Écris tout de suite le compte-rendu de ton entrevue.

8. Quand tu racontes une histoire ...

Avant la narration
- trouve des aides visuelles et sonores.
- prépare des cartes aide-mémoire.

Avant la narration
- trouve des aides visuelles et sonores.
- prépare des cartes aide-mémoire.

Pendant la narration
- parle fort et clairement
- mets de la expression dans ta voix.
- fais des pauses à des moments appropriés.
- change ta voix quand tu rapportes des paroles d'un personnage.
- fais des bruits ou des sons avec ta voix ou avec des objets simples lorsque approprié.
- regarde souvent ton auditoire.
- fais participer l'auditoire lorsque approprié.
- utilise des gestes.

Après la narration
- La prochaine fois, qu'est-ce que tu vas changer à ta narration ?

9. Quand tu planifies un travail ...

Pendant la planification
- prépare un plan.
- organise tes idées.
- choisis le vocabulaire approprié.
- détermine si les noms sont masculins ou féminins.
- change des éléments de ton plan si c'est nécessaire.
- vérifie dans le Lexique ou dans un dictionnaire.

Après la planification
- La prochaine fois, comment est-ce que tu peux créer un meilleur plan ?

Expo 1900

VIDÉO
- Une visite guidée
- Deux tableaux de **Monet**

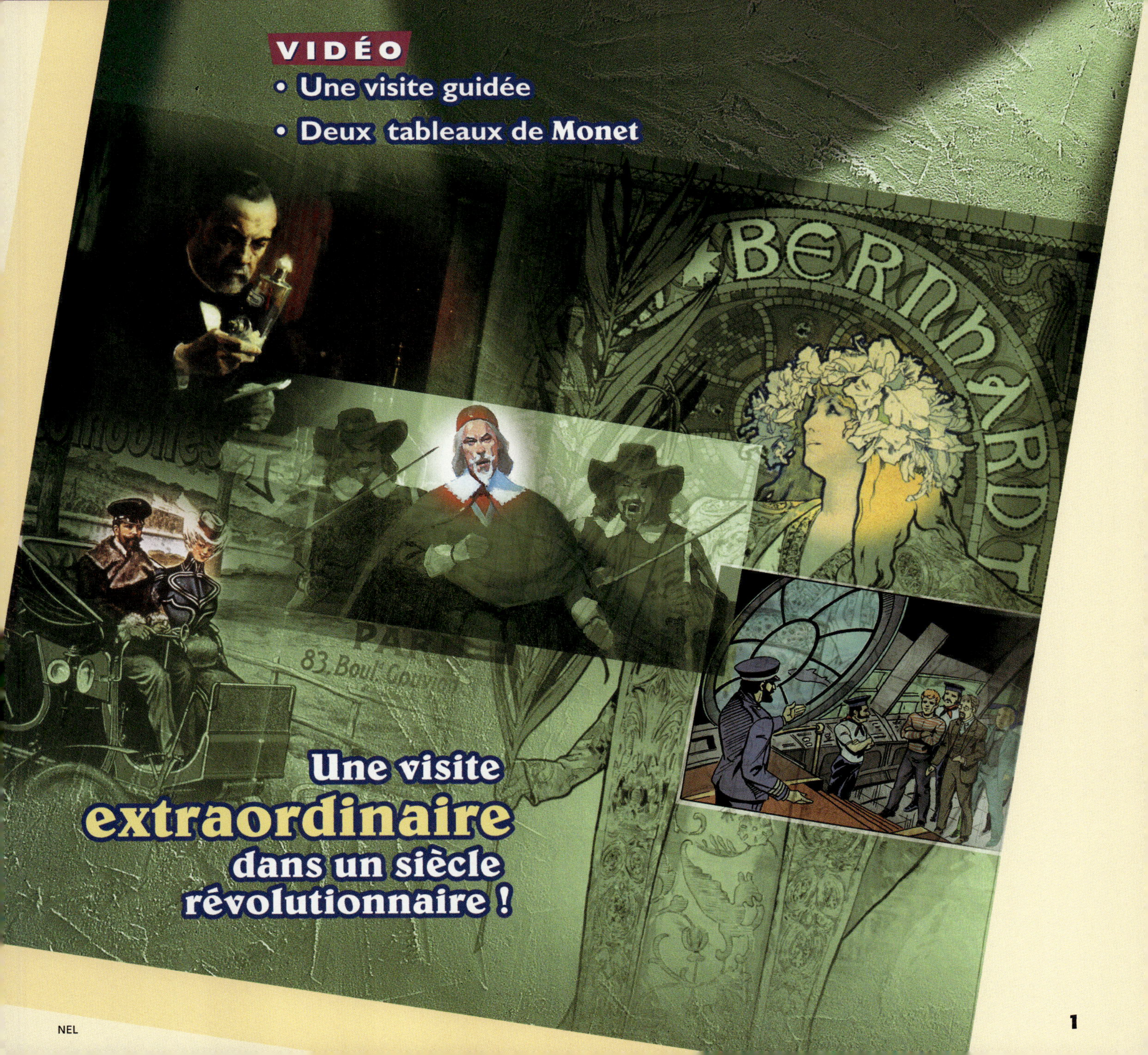

Une visite
extraordinaire
dans un siècle
révolutionnaire !

Bienvenue à l'Expo 1900

En route !

- Quels musées y a-t-il dans ta communauté ?
- Quels sont les thèmes des musées que tu connais ?
- Combien de choses peux-tu identifier dans les pages 2 et 3 ?
- De quel siècle est-ce qu'elles viennent : le dix-huitième, le dix-neuvième, le vingtième ?
- Peux-tu répondre aux questions qui accompagnent ces images ?

A Quel est ce grand bâtiment ?

B Comment s'appelle ce système d'écriture ?

C Qu'est-ce qu'on met dans ce récipient ?

D Dans quelle ville se trouve cette construction ?

E Qui sont ces personnages aventureux ?

VILLE de PARIS

Qu'est-ce qu'il y a dans ce musée ?

NEL

F Comment s'appelle cette machine ?

G Où est-ce qu'on peut voyager dans ce bateau ?

H Qui utilise cet instrument ?

Expo 1900

Salle B
Au service des autres

Salle D
Des scientifiques et des inventeurs

Salle C
Trois grands écrivains

Salle A
Deux hommes d'État

Salle E
À l'affiche !

Accueil

Écoutons le mot de bienvenue.

Dans cette unité tu vas visiter un musée spécial pour faire la connaissance de plusieurs francophones célèbres du dix-neuvième siècle et tu vas apprendre des choses intéressantes au sujet de leurs réalisations.

Dans cette unité tu vas...

Communication orale

Tu vas…
- parler de francophones célèbres et de leurs réalisations ;
- jouer une scène dramatique ;
- participer à des entrevues ;
- participer à des présentations des personnages.

Lecture

Tu vas…
- lire des renseignements au sujet de plusieurs francophones célèbres du dix-neuvième siècle ;
- lire des lettres, des journaux intimes, un article de journal, une pièce de théâtre, une bande dessinée, une entrevue et des cartes postales.

Écriture

Tu vas…
- écrire des fiches biographiques ;
- écrire un article de journal.

La tâche finale :
- présenter et personnifier un francophone célèbre devant la classe.

Napoléon Bonaparte

Salle A
Deux hommes d'État

En route !

- Nomme des chefs d'État canadiens et d'un autre pays.

- Qui sont les deux hommes que nous allons rencontrer dans cette salle ?

- « Liberté, égalité, fraternité » : C'est le slogan de quelle révolution ?

- Qu'est-ce que ces deux hommes ont en commun ?

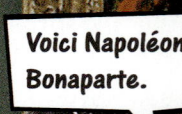

Voici Napoléon Bonaparte.

Lisons cette fiche.

Pourquoi est-il célèbre ?

Napoléon Bonaparte est né dans l'île de Corse en 1769. Il va à l'école militaire et, en 1796, il est nommé chef de l'armée française. La même année, il épouse Joséphine de Beauharnais. En 1799, il prend le contrôle du gouvernement français et il se proclame empereur en 1804. En 1812, il attaque la Russie, mais il connaît sa première grande défaite. Il est envoyé en exil à l'île d'Elbe en 1814. Un an plus tard, il revient en France. Il perd la bataille de Waterloo et il est gardé prisonnier sur l'île de Sainte-Hélène. Il est mort à Sainte-Hélène en 1821.

Napoléon Bonaparte est un grand personnage de l'histoire de France. C'est un héros militaire qui apporte la victoire et la gloire à son pays. Son règne a connu beaucoup de changements : il réorganise la justice, l'administration et l'éducation en France. Il crée les lycées et la Banque de France. Napoléon est un héritier de la Révolution française, mais respecte-t-il l'idéal de la Révolution : Liberté, Égalité et Fraternité ?

Prenons l'exemple de la servitude. En 1794, le gouvernement révolutionnaire vote l'abolition de la servitude en France et dans ses colonies. Huit ans plus tard, Napoléon annule cette loi. L'esclavage revient en France et dure encore 46 ans. Un autre exemple : en 1802, Napoléon envoie l'armée française à Haïti pour arrêter Toussaint-Louverture. Son crime : il organise une révolte contre les Européens et il crée une république haïtienne.

Toussaint-Louverture

Regardez, c'est Toussaint-Louverture, le héros de l'indépendance à Haïti ! Il y a deux vieilles lettres...

Quelques faits importants dans la vie de François Dominique Toussaint-Louverture :
- né en servitude à Haïti en 1743
- apprend à lire et à écrire
- reçoit sa liberté en 1776
- organise une révolte des Haïtiens, 1791
- abolit la servitude chez les Haïtiens, 1793
- crée la Constitution de Haïti, 1801
- nommé Gouverneur à vie, 1801
- arrêté par l'armée de Napoléon, 1802
- mort en exil en France, 1803

Le premier des Noirs au premier des Blancs,

J'étudie depuis longtemps les changements que vous faites pour le bien-être des habitants de la France. Moi aussi, sur cette petite île, je fais des changements pour le peuple haïtien. Comme les Français, nous cherchons la liberté, l'égalité et la fraternité. La liberté, cela veut dire l'indépendance. Notre île ne doit pas continuer à souffrir sous le contrôle de l'Europe. L'égalité doit exister ici entre les Noirs et les Blancs. Je suis déterminé à abolir la servitude dans ce pays. C'est la liberté qui va apporter la fraternité.

... La constitution que vous avez faite renferme beaucoup de bonnes choses, mais elle en contient aussi qui sont contraires à la dignité et à la souveraineté du peuple français.

Bonaparte

Henri Dunant et la Croix-Rouge

En route !

- Les personnages de la Salle B sont au service des autres. Selon toi, quelles sont leurs réalisations ?

- Nomme des individus ou des organismes qui aident les autres dans ta communauté.

- Quel travail bénévole fais-tu ?

Henri Dunant est né dans une famille riche à Genève, en Suisse, en 1828. Il entre dans les affaires où il a du succès. Il participe à des activités humanitaires. En 1859, Dunant va en Italie où l'empereur français Napoléon III fait la guerre. Dans la ville de Solférino, Dunant voit une terrible bataille.

En 1862, Henri Dunant écrit *Un souvenir de Solférino*. Dans ce petit livre, il décrit une terrible bataille et il souligne l'importance d'aider les blessés de guerre. Ce livre a un grand effet dans le monde. L'année suivante, des représentants de 14 nations se réunissent à Genève où ils fondent la *Croix-Rouge*. Dunant continue de travailler à sa

mission : il prépare un traité international qui garantit la neutralité du personnel médical dans la guerre et un autre traité qui précise le bon traitement des prisonniers.

Puis, Henri Dunant perd tout son argent et tombe dans l'oubli. En 1901, il reçoit le prix Nobel de la paix. Il passe les 18 dernières années de sa vie dans un hospice en Suisse, mais ses réalisations humanitaires sont toujours avec nous.

- Quelle activité joue un rôle important dans la vie d'Henri Dunant ?

- Fais les activités de la page 5 de ton Cahier pour t'aider à comprendre le texte.

Louis Braille

En route !

- Nomme des monuments qui célèbrent les réalisations des gens de notre pays.

- Comment s'appelle ce système d'écriture ?

- Qui utilise cet alphabet ?

Monument à Louis Braille dans la ville de Coupvray

L'atelier du père de Louis Braille

À l'âge de trois ans (en 1812), Louis Braille est un petit garçon curieux et actif. Il veut travailler dans l'atelier de son père. Malheureusement, il se blesse avec un outil. Il devient aveugle.

Comme il est très intelligent, il apprend ses leçons à l'école en écoutant le professeur. Il va à l'école pour les aveugles à Paris. Il continue ses études, mais sa vraie ambition est de lire des livres. Pendant les vacances, il travaille jour et nuit à un système d'écriture.

Il crée aussi des codes spéciaux pour les mathématiques et la musique. En 1828, il devient professeur à l'Institution des aveugles.

Aujourd'hui, son système est utilisé partout dans le monde et Louis Braille repose au Panthéon.

Situé à Paris, cet édifice s'appelle le Panthéon. À l'origine, c'est une église. Maintenant, c'est un monument en l'honneur des grands personnages de l'Histoire : des soldats, des personnages politiques, des écrivains et des scientifiques.

Eugène Poubelle

En route !

- Au 19e siècle, que fait-on des déchets ménagers dans les villes ?

- Quelles sont les conséquences ?

Regarde, une poubelle ! Pourquoi y a-t-il une poubelle dans une exposition ?

Regarde ici ! Cet homme s'appelle Eugène Poubelle !

Le Journal de Paris
7 mars, 1884
Nouvelle loi sur les déchets

De grands changements arrivent à Paris ! Monsieur Eugène Poubelle, fonctionnaire municipal, apporte une idée révolutionnaire. Fini de jeter les déchets domestiques dans les rues ! Monsieur Poubelle propose un nouveau système : à partir du 8 mars 1884, chers Parisiens et chères Parisiennes, vous devez mettre tous vos déchets domestiques dans la cour de l'immeuble, dans un récipient en métal ! Il faut absolument arrêter de jeter les déchets par la fenêtre.

Une trompette va annoncer que les employés municipaux arrivent pour vider ces récipients.

C'est l'avis du *Journal de Paris* que cette loi est tyrannique ! Le roi Louis XVI est moins tyrannique que ce petit fonctionnaire du gouvernement et il perd la tête sur la guillotine ! Pourquoi le gouvernement municipal met-il le nez dans les déchets de Monsieur et Madame Paris ? On vous invite à envoyer votre opinion au *Journal de Paris*.

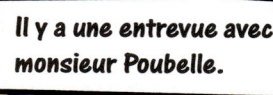

Il y a une entrevue avec monsieur Poubelle.

- Quelle est l'idée révolutionnaire d'Eugène Poubelle ?

- Quelle est la réaction des Parisiens ?

Aristide Boucicaut

Leçon 6

En route !

- Où est-ce que tu préfères magasiner ?
- Est-ce que tes magasins préférés offrent des cadeaux, des distractions ou des services spéciaux ?
- Qu'est-ce que *Le Bon Marché* ? Qui est Aristide Boucicaut ?
- Quelles sont les conditions de travail en 1852 ?
- Écoute une partie de l'entrevue entre le jeune homme et monsieur Boucicaut.

Aristide Boucicaut est né en 1810. Il entre dans les affaires et vient à Paris où il travaille dans plusieurs magasins.

En 1848, il épouse Marguerite Guérin et il achète une petite boutique, *La Maison du Bon Marché*. Il décide d'agrandir son magasin en 1852. Il pense à quelque chose de nouveau, de très grand.

Boucicaut demande à l'ingénieur Gustave Eiffel de construire la première grande charpente métallique pour son magasin. Cela permet l'installation des grandes vitrines qui laissent entrer beaucoup de lumière naturelle. Le Bon Marché devient le premier grand magasin du monde.

Boucicaut change la façon de magasiner. Il offre des cadeaux et des spectacles aux citoyens de Paris. Il fait même la livraison à domicile. Il motive ses employés avec des avantages révolutionnaires.

Après la mort d'Aristide en 1877, Marguerite Boucicaut continue le travail de son mari. Elle donne beaucoup d'argent à l'hôpital Boucicaut à Paris. Elle aide aussi Louis Pasteur dans ses recherches.

Étude de la langue

Les adjectifs démonstratifs

Voici **un** monument. Dans quelle ville se trouve **ce** monument ?
C'est **un** instrument inventé par Laennec. Qui a besoin de
cet instrument ?

En 1796, Napoléon est chef d'armée. **Cette** année-là, il épouse
Joséphine.

Il y a **trois** hommes dans l'aventure. Qui sont **ces** hommes ?

L'adjectif démonstratif indique
une chose ou une personne ⎯⎯⎯ proche ou qu'on montre
                          ⎯⎯⎯ mentionnée avant

Singulier		Pluriel
Masculin	**Féminin**	**Masculin et féminin**
Devant une consonne : Ce monument	**Cette** année	**Ces** hommes **Ces** femmes
Devant une voyelle : **Cet** instrument		**Ces** instruments

Ne... pas de

Il y a **des automobiles** au début du 20e siècle.
Il y a **du cinéma**.
Il y a **de la radio**.

Mais, au début du 19e siècle,
il n'y a pas **d'automobiles**.
Il n'y a **pas de cinéma**.
Il n'y a **pas de radio**.

Il y a **un aveugle** à la page 7.
Il n'y a **pas d'aveugle** à la page 8.
Il y a **une poubelle** à la page 8.
Il n'y a **pas de poubelle** à la page 7.

▪ À la forme négative, les articles
un, *une*, *du*, *de la*, *de l'* et *des*
sont remplacés par *de*.

Au travail !

Dans les Leçons 2 à 6, tu as lu
plusieurs fiches biographiques.
Maintenant, tu vas préparer la fiche
d'une célébrité de ton choix.
Mets les renseignements suivants
sur la fiche biographique :
▪ le nom
▪ la date et le lieu de naissance
▪ une description physique
▪ des traits de sa personnalité
▪ ses réalisations
▪ la date et le lieu de sa mort
   (s'il y a lieu)
Fais des phrases complètes.

Salle C
**Trois grands
écrivains**

En route !

- As-tu des exemples de personnages de romans ou de films qui sont des héros ou des héroïnes ? Lesquels ?

- Connais-tu des héros dans la vraie vie ?

- Associe les titres de ces romans aux images :
  Les Trois Mousquetaires
  Les Misérables
  20 000 lieues sous les mers

Qui sont ces personnages ?

Ce sont des héros de romans.

Celui-là, je le connais. C'est un mousquetaire.

En route !

- Peux-tu nommer des grands écrivains ? Lesquels ?

- Victor Hugo est le plus grand écrivain de la littérature française. Connais-tu un roman populaire écrit par Victor Hugo ?

Victor Hugo

Victor Hugo (1802–1885) est l'écrivain français le plus populaire du 19e siècle. Il écrit des poèmes, des pièces de théâtre et des romans. C'est aussi un homme d'État. Quand il meurt, des milliers de Français sortent dans les rues de Paris pour rendre hommage à ce grand poète.

En 1862, il publie son roman *Les Misérables*, en trois parties. La première partie est si populaire qu'à l'annonce de la deuxième partie, les Parisiens attendent devant les librairies à six heures du matin.

Il existe une centaine de versions des *Misérables* pour le théâtre et le cinéma. Une comédie musicale connaît un grand succès international pendant les années 1990.

Les personnages principaux des Misérables

Jean Valjean vole du pain pour nourrir sa famille. Il est condamné à 20 ans de prison. Quand il est libéré, il décide de changer sa vie et d'aider les autres. Mais il est toujours en danger : il peut être arrêté de nouveau par…

Javert, un inspecteur de police, est déterminé à voir Valjean en prison pour le reste de sa vie. Il poursuit notre héros pendant des années.

Cosette est adoptée par Valjean. Il fait tout pour protéger la jeune fille. Elle tombe amoureuse de…

Marius, fils d'un officier. Il adore Cosette. Il se bat dans les rues de Paris avec les révolutionnaires. Pendant les combats, Valjean sauve la vie de Marius.

JULES VERNE

RÉPUBLIQUE FRANÇAISE — POSTES
30 F
1828 JULES VERNE 1905

En route !

- Comment est-ce qu'on voyage au 19ᵉ siècle ?
- Fais des prédictions avant de lire la bande dessinée.
- Comment est-ce que les deux hommes tombent à la mer ?
- Qui sont les autres personnages ?
- Vont-ils survivre à leur mésaventure ?

20 000 lieues sous les mers

1 — Monsieur, vous entendez ce bruit ?

Il y a quelqu'un ! Nous sommes sauvés ! Nage, Conseil !

2 — Ned ? Tu es tombé à la mer, toi aussi ?

C'est cela, monsieur Arronax. Laissez-moi vous aider à monter.

3 — Ce « monstre » n'est pas une baleine !

Seulement si on fait les baleines en métal, monsieur !

Les rescapés sont invités à bord du navire.

Permettez-moi de me présenter. Je suis le capitaine Nemo. Vous êtes à bord de mon navire sous-marin.

Quand est-ce que nous allons rentrer chez nous, capitaine ?

Jamais ! Vous connaissez maintenant le secret de mon navire, le Nautilus. Vous devez rester ici pour toujours !

4

5

Jules Verne (1828–1905) est considéré le père de la science-fiction. Un de ses romans les plus populaires est *20 000 lieues sous les mers*, publié en 1870. Dans ce roman, Verne combine deux grands intérêts du public français : le fantastique et le progrès scientifique.

Le professeur Arronax, un scientifique français, cherche un étrange « monstre » dans l'océan. Un jour, son navire entre en collision avec un animal bizarre. Arronax tombe à l'eau, suivi par Conseil, son serviteur. Les deux hommes sont sauvés par le marin canadien Ned Land. Ned les aide à monter sur le « monstre » sous-marin. Ce bateau est une création de l'imagination de Jules Verne, car les sous-marins n'existent pas encore au 19ᵉ siècle !

ALEXANDRE DUMAS

En route !

- Aimes-tu la fiction historique ?

- Peux-tu nommer des héros ou des héroïnes de films d'aventure ?

- Regarde les images. Dans quel siècle l'histoire a-t-elle lieu ? Quels indices vois-tu ?

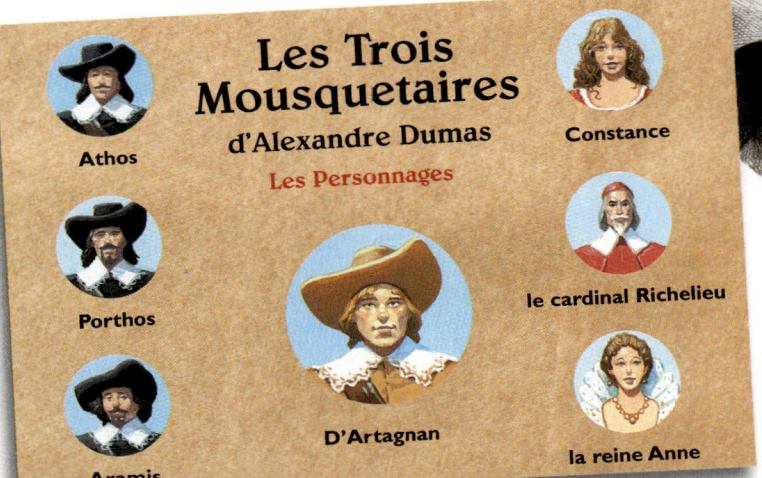

Les Trois Mousquetaires
d'Alexandre Dumas
Les Personnages

Athos
Porthos
Aramis
D'Artagnan
Constance
le cardinal Richelieu
la reine Anne

C'est l'année 1625. Un jeune homme, D'Artagnan, va à Paris pour rencontrer les célèbres Trois Mousquetaires, les meilleures épées de France et gardes du Roi. En route, il s'arrête devant une taverne. Il voit un homme en riche costume et il aperçoit un mouchoir par terre.

D'Artagnan : Monsieur, c'est votre mouchoir ?

Homme (le cardinal Richelieu) : Non, ce n'est pas mon mouchoir !

D'Artagnan : Vous êtes certain, Monsieur ?

Homme : (arrogant) NON ! NON ! NON ! Il n'est pas à moi ! C'est le mouchoir d'une dame, idiot !

D'Artagnan : Quelle insulte ! Vous avez de mauvaises manières, Monsieur ! Alors, préparez-vous au combat ! En garde !

Le méchant cardinal saisit une belle dame, qui se cache près de la taverne.

Constance : Au secours, aidez-moi ! Au secours !

D'Artagnan : Laissez cette belle dame ! Je suis à votre service, Madame ! En garde, vilain !

Constance, la dame, s'évanouit. À ce moment, trois hommes sortent de la taverne, l'épée à la main. Le cardinal laisse la dame et s'enfuit.

Porthos : Madame, qui êtes-vous ?

Constance : Je suis la servante de la Reine. Le cardinal Richelieu m'a kidnappée. Il conspire contre la Reine. Il a son collier de diamants. Il va donner le collier au duc de Buckingham, au nom de Sa Majesté. Puis, ses gardes vont arrêter le Duc avec les diamants : la preuve que la Reine conspire avec le duc anglais contre le Roi. Je cherche les trois mousquetaires pour nous aider.

Athos : (Il aide Constance à se relever.) Nous sommes les trois mousquetaires, Madame, à votre service.

D'Artagnan : Je m'appelle D'Artagnan et, moi aussi, je cherche les trois mousquetaires. Je veux faire partie de votre troupe.

Aramis : Hum! Oui, vous avez l'air brave. Allons ensemble au château.

Tous ensemble : Tous pour un et un pour tous ! À cheval !

Constance monte avec D'Artagnan. Les cinq voyagent à travers bois toute la nuit. Ils arrivent au château à Paris. Une fenêtre est ouverte. On voit la reine Anne.

La Reine : Au secours, aidez-moi ! Je suis prisonnière du vilain Richelieu. Il a mon collier de diamants. Il va rencontrer le Roi ! Je suis perdue !

Aramis : À votre service, Madame !

Athos : Nous sommes les trois mousquetaires !

D'Artagnan : Et moi, D'Artagnan, le quatrième ! Il faut trouver le collier de diamants !

Tous ensemble : Tous pour un et un pour tous !

Le cardinal Richelieu sort du château avec deux gardes.

Richelieu : Ah ! Encore vous ! En garde !

Les quatre mousquetaires : En garde !

Un combat commence. D'Artagnan pique un des gardes. L'autre garde s'éloigne. Richelieu laisse tomber le collier de diamants par terre.

D'Artagnan : TOUCHÉ ! Vous êtes coupable, Cardinal.

La Reine : Mon collier de diamants ! Vous me sauvez la vie ! Merci !

Constance : Que vous êtes braves et courageux !

Athos : La Reine et la monarchie sont sauvées !

Aramis : À cheval, mes amis.

Porthos : Adieu, Mesdames.

D'Artagnan : À la prochaine !

Tous ensemble : Tous pour un et un pour tous !

Les Mousquetaires s'éloignent. La reine Anne et Constance entrent dans le château.

Louis Pasteur

Salle D
Des scientifiques et des inventeurs

Ne crachez jamais à terre

En route !

- Comment imagines-tu les conditions hygiéniques au 19e siècle ?

- Est-ce que tu bois du lait ? Quel rapport vois-tu entre Louis Pasteur et le lait ?

- Prépare-toi à écouter une conversation entre madame Boucicaut et Louis Pasteur. Comment madame Boucicaut peut-elle aider Pasteur dans ses recherches ?

Louis Pasteur est né le 27 décembre 1822, à Dole en France. C'est un élève brillant, il entre au collège à l'âge de neuf ans. Il adore les sciences physiques et la chimie. Très vite, il est nommé professeur. À la faculté de chimie, il rencontre Marie Laurent et il l'épouse en 1849. Dans ses recherches, il veut confirmer que les maladies infectieuses sont dues à des micro-organismes. Pour continuer ses recherches, il demande de l'argent à madame Boucicaut.

René Laennec

René-Théophile-Hyacinthe Laennec (1781–1826), un jeune médecin, fait une découverte révolutionnaire pour la science médicale… par hasard ! Le docteur Laennec doit examiner une jeune patiente, mais il est embarrassé. Il prend donc des feuilles de papier qu'il roule en cornet. Il met un bout du cornet à son oreille et l'autre sur la poitrine de la jeune femme pour écouter les battements de son cœur.

Il donne le nom de « cylindre » à son invention, mais plus tard on l'appelle « stéthoscope », des mots grecs pour « poitrine » et « examiner ». Aujourd'hui, le stéthoscope est associé au médecin.

René Laennec… Ah, c'est l'inventeur du stéthoscope.

Et ce scientifique, son nom a quelque chose de familier…

Oui, on trouve son nom sur les cartons de lait « pasteurisé ».

Marie Curie

Une entrevue du journal *La Réforme* et Marie Curie

La Réforme Nous publions un nouveau journal qui soutient les droits des femmes d'aujourd'hui.

Marie Curie Très bien. Qu'est-ce que vous voulez savoir ?

La Réforme Vous faites du bien pour l'humanité et vous inspirez les femmes d'aujourd'hui. Qu'est-ce qui vous motive à travailler si fort dans les sciences, un milieu traditionnellement masculin ?

Marie Curie Je suis née dans une famille studieuse, mais en Pologne les femmes n'ont pas droit à l'éducation. Voilà pourquoi je fais mes études en France. Je n'accepte pas l'attitude injuste envers les femmes.

La Réforme Vous êtes radicale, Madame ! Vous aidez aussi la cause de l'égalité et du vote des femmes. Vous êtes première de votre classe, première professeure à la Sorbonne, première à recevoir le prix Nobel. Vos réalisations sont extraordinaires !

Marie Curie Merci. Je fais mon devoir, c'est tout. Mon mari Pierre et moi, nous ne vendons pas notre radium. Nous donnons notre formule de fabrication aux États-Unis pour guérir les malades. Nous n'avons pas besoin de luxe.

La Réforme Vous êtes la mère de deux enfants et vous libérez la mode ! J'ai une photo de vous et de votre mari à bicyclette. Vous portez le nouveau « pantalon » à la mode très controversé.

Marie Curie Vraiment, la mode ne m'intéresse pas. Le pantalon est très pratique à bicyclette, c'est tout.

La Réforme Avez-vous un message pour les femmes d'aujourd'hui ?

Marie Curie Oui. Il faut étudier et travailler fort dans tous les domaines de la vie.

- Quels sont les emblèmes du Canada ?

- Quand on parle de Paris, à quelle image penses-tu ?

Leçon 13

Gustave Eiffel

Le Bon Marché –
Le grand escalier

La Statue de la Liberté –
La charpente en fer

Gustave Eiffel dessine des ponts et des viaducs.

Anémomètres pour enregistrer la vitesse du vent

Antennes de télévision et de radio

Bureau de Gustave Eiffel

Hauteur totale : 324 mètres

3e étage : 276,13 m

Restaurant
Le Jules Verne,
Boutiques

2e étage : 115,75 m

Restaurant
Altitude 95,
Bureau de poste

1er étage : 57,63 m

74,23 m

124,90 m

- Aimes-tu les visites guidées ? Tu vas faire une visite de la tour avec monsieur Eiffel. Va à la page 20 de ton Cahier pour préparer ta visite.

Les frères Peugeot et Renault

Automobiles PEUGEOT

PARIS
83, Boul^d Gouvion St Cyr

En route !

■ Quel âge a l'invention de l'automobile ?

■ Qui sont les pionniers de l'automobile ?

■ Au 19e siècle, qu'est-ce qui rend l'automobile populaire ?

Le 14 juillet 1894

Mon cher frère,

Me voici à Rouen ! C'est notre première victoire dans une course automobile. C'est une très bonne idée d'utiliser le moteur à pétrole de Panhard-Levassor. Notre Peugeot fait 14 km à l'heure ! Les voitures à vapeur et électriques n'ont pas d'avenir. De la centaine d'autos inscrites dans la course, seulement 21 réussissent à démarrer. Maintenant nous allons vendre 5 voitures. Quel succès ! Je dois parler au Petit Journal de Paris.

À bientôt,
Ton frère Armand

M. Eugène Peugeot
118, avenue des
Victoires
St-Denis

Chanteloup-les-Vignes
Le 3 août 1898

Mon cher frère,

Je pense à notre première invention : l'auto dans le garage de nos parents. Maintenant nous avons l'automobile la plus rapide du monde et un grand succès commercial. Ton idée d'un véhicule à 4 roues et d'un moteur à un seul cylindre est fantastique. Il y a ici des Américains très jaloux et curieux de notre invention. Sois prudent, nous allons avoir de la concurrence. Il faut accélérer la production de notre société. J'entends déjà des rumeurs qui parlent d'un « Grand Prix ».

Sincèrement,

Ton frère Louis

M. Marcel Renault
35, rue Marengo
Neuilly-sur-Seine

Étude de la langue

Le temps PRÉSENT des verbes en -ER

Je **regard**- e le champ de bataille.
Où est-ce que tu **préfèr**- es magasiner ?
Dunant **continu**- e à travailler.
Nous **cherch**- ons la liberté, l'égalité et la fraternité.
Qu'est-ce que vous **pens**- ez de l'idée de M. Poubelle ?
Les Parisiens **jett**- ent les déchets dans les rues.

En français, les verbes sont formés d'un **radical** et d'une **terminaison**.

AIMER	
j'	aim- e
tu	aim- es
elle, il	aim- e
nous	aim- ons
vous	aim- ez
elles, ils	aim- ent

- Règle générale, le radical (**aim**-) ne change pas.
- Dans certains verbes, le radical peut changer :
  (**ache**ter) j'**achè**te, nous **ache**tons
  (**je**ter) je **jett**e, nous **je**tons
- Les terminaisons ne changent pas.
- Les terminaisons varient selon le sujet du verbe.
- Au présent, les terminaisons -*ons* et -*ez* se prononcent, les autres ne se prononcent pas.

Le temps PRÉSENT des verbes en -IR

Moi, Toussaint-Louverture, j'**aboli**- s la servitude à Haïti.
Marcel, tu **rempli**- s le réservoir de pétrole ?
Le cardinal **saisi**- t Constance.
Vous **choisiss**- ez des romans de science-fiction ?
Seulement 21 autos **réussiss**- ent à démarrer.
Napoléon : « Joséphine, tu **sor**- s avec moi ce soir ? »
Le sous-marin **sor**- t de l'imagination de Jules Verne.
Nous **sort**- ons de la classe après les cours.
Des milliers de Français **sort**- ent dans les rues de Paris.

FINIR	
je	fini- s
tu	fini- s
elle, il	fini- t
nous	finiss- ons
vous	finiss- ez
elles, ils	finiss- ent

- Le radical des verbes qui se terminent en -*ir* change au pluriel.
- Les verbes en -*ir* ont les mêmes terminaisons.
- Les terminaisons varient selon le sujet du verbe.
- Si le sujet est à la 3e personne (*elle* et *il*), le verbe se termine avec un -*t*.
- Au présent, certaines terminaisons se prononcent, d'autres ne se prononcent pas.

SORTIR	
je	sor- s
tu	sor- s
elle, il	sor- t
nous	sort- ons
vous	sort- ez
elles, ils	sort- ent

D'autres verbes comme *finir* : **choisir**, **réfléchir**, **remplir** et **réussir**.
D'autres verbes comme *sortir* : **dormir** et **partir**.

J' **entend**- **s** des rumeurs d'une grande course.
Tu **comprend**- **s** les instructions ?
Napoléon **perd** la bataille de Waterloo.
Nous ne **vend**- **ons** pas le radium.
Vous l' **entend**- **ez**, monsieur ?
Les Parisiens **attend**- **ent** devant les librairies à six heures du matin.

ENTENDRE		
j'	**entend**-	**s**
tu	**entend**-	**s**
elle, il	**entend**	
nous	**entend**-	**ons**
vous	**entend**-	**ez**
elles, ils	**entend**-	**ent**

PRENDRE		
je	**prend**-	**s**
tu	**prend**-	**s**
elle, il	**prend**	
nous	**pren**-	**ons**
vous	**pren**-	**ez**
elles, ils	**prenn**-	**ent**

- Le radical des verbes qui se terminent en *-re* ne change pas.
- Les verbes en *-re* ont les mêmes terminaisons.
- Les terminaisons varient selon le sujet du verbe.
- Si le sujet est à la 3e personne du singulier, le verbe se termine avec un *-d*.
- Au présent, certaines terminaisons se prononcent, d'autres ne se prononcent pas.
- Le radical des verbes comme *prendre* change au pluriel.

D'autres verbes comme *entendre* : **attendre, descendre, perdre, répondre**, et **vendre**.
D'autres verbes comme *prendre* : **apprendre** et **comprendre**.

Au travail !

Tu vas faire une entrevue avec une célébrité !

- Échange la fiche biographique de ta célébrité (voir Leçon 7) avec un ou une partenaire.

- Lis attentivement sa fiche et prépare quelques questions pour sa célébrité.

- Utilise les renseignements de sa fiche pour préparer tes questions par écrit. Attention à la forme des verbes.

- Interroge ton ou ta partenaire au sujet de sa célébrité.

- Inversez les rôles.

Sarah Bernhardt

En route !

- Aimes-tu le théâtre ? Est-ce qu'on peut voir des pièces de théâtre dans ta ville ou ta région ?

- En groupe, discutez de l'importance des composantes d'un spectacle de théâtre : l'intrigue, les dialogues, les acteurs et les actrices, les costumes, les décors, la musique, les effets spéciaux.

- À ton avis, pourquoi est-ce que les enfants aiment le théâtre de marionnettes ?

Tous les jours dans les parcs de Paris et de quelques villes françaises, les enfants vont voir des spectacles de Guignol.

Laurent Mourguet est dentiste ambulant. Il crée le personnage de Guignol pour amuser ses patients.

Bientôt, son théâtre de marionnettes est si populaire que Mourguet peut abandonner son métier de dentiste. À un seul endroit à Paris, il y a plus de 150 000 spectateurs chaque année !

> Voici Sarah Bernhardt. C'est une grande vedette du théâtre français. À la fin de sa carrière, elle joue aussi dans des films muets. Sarah Bernhardt va nous parler de sa vie et de sa carrière.

- Tu vas faire la connaissance d'une grande actrice. Prépare des questions que tu vas lui poser.

- Écoute sa présentation et trouve les réponses à tes questions.

Claude Monet

- L'art visuel prend des formes différentes dans chaque culture. Peux-tu donner des exemples ?

- Nomme des peintres que tu connais.

- Qu'est-ce que tu vois dans ce tableau de Monet ?

- Quelle impression as-tu devant le tableau ? Écoute la guide.

L'artiste est né à Paris en 1840. Il aime faire la peinture en plein air, une innovation à cette époque. Il fait des expériences dans la nature avec les effets de la lumière sur l'eau. Ses tableaux ne sont pas réalistes : ils communiquent les impressions de l'artiste.

Monet travaille avec d'autres peintres qu'un journal parisien appelle « impressionnistes ». Le mot est une insulte qui suggère que les tableaux ne sont pas finis. En 1874, Monet et ses amis organisent une exposition de leurs tableaux.

Grand Vernissage
Impressions de la Nature

Le 12 avril 1874, à 20 heures
Musée Marmottan
2, rue Louis-Boilly, Paris
Les Artistes : Manet, Monet, Renoir, Pissarro,
Morisot, Sisley
Monsieur Claude Monet expose son nouveau tableau
Impression : soleil levant
Costume : Tenue de soirée
Divertissements, Musique, Rafraîchissements

Les Frères Lumière

En route !

- Aimes-tu aller au cinéma ?
- Est-ce que tu préfères regarder les films à la télé ou au cinéma ?
- Quels sont tes films préférés ?

CINÉMATOGRAPHE LUMIÈRE

Paris, le 28 décembre 1895

Est-ce un rêve ? Est-ce la réalité ? Il est tard, mais je dois noter les événements de ce soir tout de suite.

Tout commence à midi. Je rencontre monsieur Antoine Lumière au restaurant. Il dit que je dois venir au Grand Café, ce soir, à neuf heures. Je vais voir une innovation révolutionnaire. Naturellement, je suis curieux, mais Antoine n'a pas l'intention de révéler son secret.

Donc, j'arrive au Grand Café à l'heure prévue. Nous sommes un petit groupe. Pour tout le monde, c'est la même histoire : une invitation mystérieuse d'Antoine Lumière.

La salle est assez petite. Il y a un petit écran blanc. C'est ça le grand mystère des frères Lumière ? Des projections ? Moi aussi, je fais des projections depuis dix ans ! Et je sors dans le froid par un soir de décembre pour regarder ça ?

Puis, il y a une photographie sur l'écran… C'est la gare Bellecoeur à Lyon. Une photo de la gare ? Soudain, un cheval marche vers nous, puis des voitures, puis des gens dans la rue ! Nous voyons une rue de Lyon, en toute animation ! Nous sommes incapables de parler… Des photographies qui bougent ! C'est vraiment l'invention du siècle !

- Dans quelle ville est-ce que le public voit un film cinématographique pour la première fois ?
- Est-ce que les premiers films sont en couleurs ou en blanc et noir ?
- Est-ce que les personnages des premiers films parlent ?

Je me présente

Richard aime les personnages des romans d'aventures.
Son auteur préféré est Alexandre Dumas.

- Écoute sa présentation et fais les activités de ton
  Cahier à la page 26.
- Observe bien ses stratégies de présentation.

Merci de votre visite à l'Expo 1900

Tu connais maintenant plusieurs francophones célèbres du 19e siècle. Tu connais aussi d'autres personnes célèbres.

Maintenant tu vas te présenter comme une personne célèbre. Pour t'aider, regarde de nouveau les personnages de ton Livre. Lis aussi les stratégies d'écriture et de présentation à la page vii du Livre.

Tu as déjà une fiche biographique au sujet de ton personnage célèbre. Tu as aussi les notes de ton entrevue avec le personnage.

- Donne des renseignements dans au moins 6 des catégories.

- Prépare ta présentation en phrases complètes. N'oublie pas que tu joues le rôle de ce personnage.

- Utilise une variété de verbes en -*er*, en -*ir*, en -*re* et aussi des verbes irréguliers. Utilise aussi des adjectifs démonstratifs et l'expression *ne… pas de*.

- Choisis quelques objets associés à ta célébrité (de vrais objets ou des illustrations). Vas-tu imaginer un costume pour ton personnage ?

- Répète ta présentation. N'oublie pas d'ajouter des actions et des gestes.

NEL

Ado Monde

Un **roman-photo** complet

Un JEU

Es-tu romantique ?

Des **conseils** aux ados

En route !

- Est-ce que tu lis des romans ?
- Regardes-tu les séries télévisées ? Lesquelles ?
- Comment est fait un roman-photo ?
- Regarde bien la page couverture du magazine *Ado Monde*. Quels sont les sujets de ce numéro du magazine ?
- Quels sont les liens entre les personnages des photos de la page 3 ?

Le roman-photo des ados

ADO MONDE
Comme dans la vie !

Le roman-photo de la semaine : **LA RUMEUR**

ADO MONDE

Printemps — Numéro 15

La semaine passée…
- ❧ Monique a perdu Léo, son jeune frère, au centre commercial. Heureusement, Ahn et Sylvie ont trouvé Léo aux jeux vidéo.
- ❧ L'équipe de Frédéric a gagné la demi-finale de basket-ball.
- ❧ Frédéric a invité Nathalie à la fête de son équipe.
- ❧ Nathalie a rencontré les parents de Frédéric.

Frédéric a aidé sa sœur à faire ses devoirs. Monique est moins organisée que Frédéric.

Frédéric et Monique ont manqué l'autobus. Ils ont vu Nathalie avec un autre garçon.

Aux casiers, Nathalie a parlé avec Étienne. Gabrielle a regardé la scène.

Étienne a marqué un autre panier. Frédéric s'est fait mal à la jambe. Mais qui est Étienne ?

Ahn et Sylvie ont bavardé pendant le cours d'arts plastiques. La rumeur a commencé.

Gabrielle a parlé au téléphone avec Frédéric. Elle a vu Étienne au restaurant.

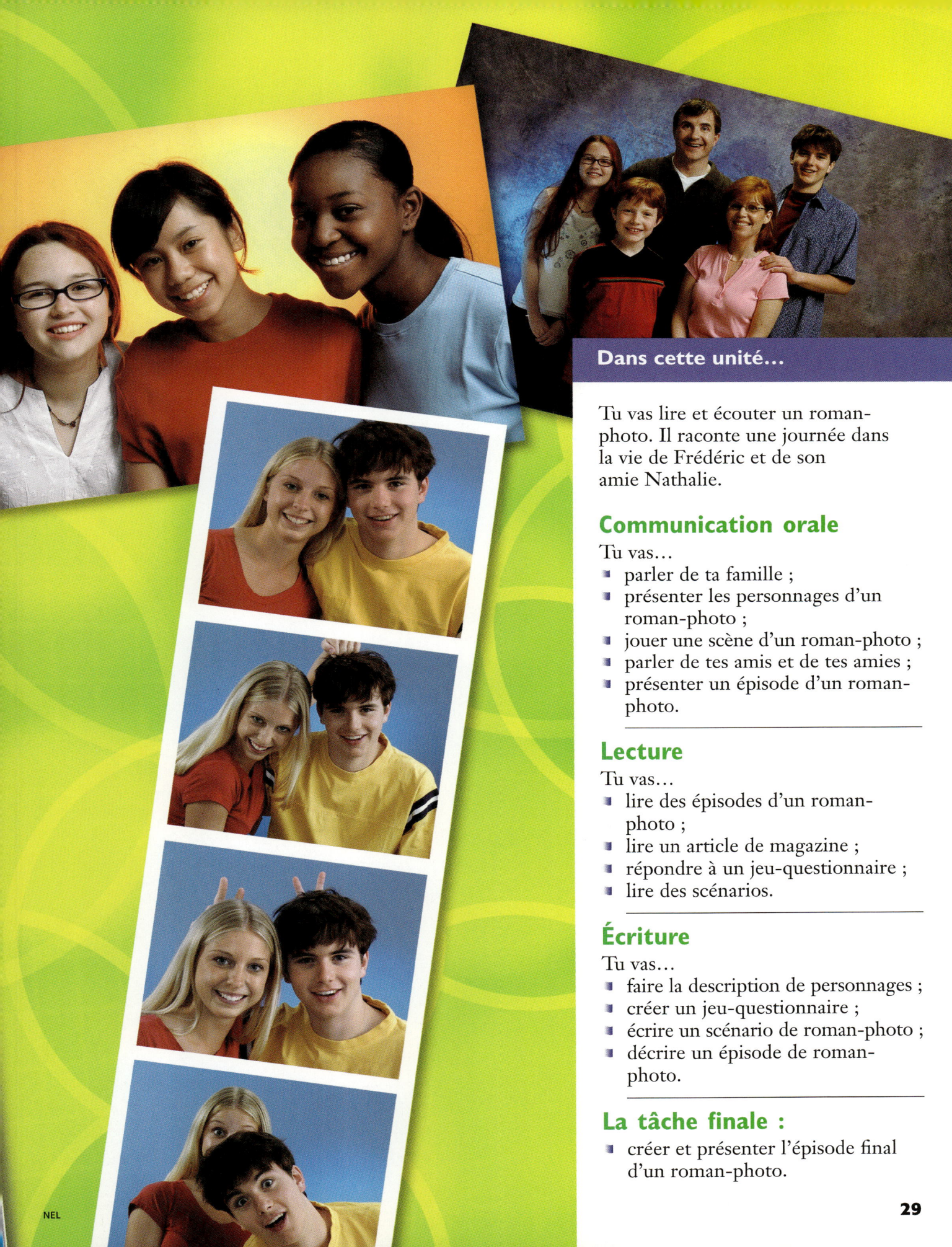

Dans cette unité...

Tu vas lire et écouter un roman-photo. Il raconte une journée dans la vie de Frédéric et de son amie Nathalie.

Communication orale

Tu vas...
- parler de ta famille ;
- présenter les personnages d'un roman-photo ;
- jouer une scène d'un roman-photo ;
- parler de tes amis et de tes amies ;
- présenter un épisode d'un roman-photo.

Lecture

Tu vas...
- lire des épisodes d'un roman-photo ;
- lire un article de magazine ;
- répondre à un jeu-questionnaire ;
- lire des scénarios.

Écriture

Tu vas...
- faire la description de personnages ;
- créer un jeu-questionnaire ;
- écrire un scénario de roman-photo ;
- décrire un épisode de roman-photo.

La tâche finale :

- créer et présenter l'épisode final d'un roman-photo.

En route !

- Qu'est-ce qu'il y a dans ta chambre ? Un ordinateur, une télé, des livres, des photos, des trophées ?

- Ta chambre est-elle bien rangée ? Est-elle en désordre ?

- As-tu un animal de compagnie ?

- Est-ce que ta chambre reflète tes intérêts, ta personnalité ?

- Est-ce que tu partages ta chambre avec un frère ou une sœur ?

Un matin chez les Tremblay

Épisode 1

Frédéric Tremblay a 16 ans. Il partage sa chambre avec son jeune frère Léo qui a 8 ans.

> Léo, qu'est-ce que tu fais ? Tu ne vas pas à l'école aujourd'hui ?

> Oui, oui. J'arrive.

Monique est en retard ce matin. Elle a un travail à terminer. Elle va demander de l'aide à son grand frère, Frédéric.

- Qui sont les personnages dans les photos des pages 30 et 31 ?
- Où sont-ils ?
- À ton avis, quelles sont leurs activités préférées ?
- Quels objets vois-tu dans les photos ?
- D'après les photos, quelle est la personnalité de chaque personnage ?
- Note tes observations à la page 4 de ton Cahier.

- Prends-tu un petit déjeuner avant de partir pour l'école ?
- As-tu des responsabilités à la maison ? Lesquelles ?
- Comment vas-tu à l'école ? En autobus ? À pied ?
- Qui répond au téléphone chez toi ?
- Va à la page 5 de ton Cahier pour te préparer à lire le premier épisode du roman-photo.

C'est mardi matin. La famille Tremblay prend son petit déjeuner. Le téléphone sonne.

3

Bonjour Monique, c'est Nathalie. Ton frère est là ?

Frédéric, c'est ta blonde.

4

Salut Frédéric, c'est moi. Peux-tu apporter mon chandail bleu à l'école ? Je l'ai oublié chez toi hier.

Allo !

Oui. Je vais te voir à l'arrêt d'autobus à 8 heures.

5

Léo, qu'est-ce que tu fais avec mon baladeur ?

J'écoute ma musique. Tu dois partager !

Céréales de blé au chocolat

6

M. et Mme Tremblay entrent dans la cuisine.

C'est vrai, Frédéric. Il est plus jeune que toi.

7

8 Frédéric, tu peux garder Léo après l'école ? Ta mère et moi, nous allons au cinéma.

Et toi, Monique ?

Désolé, je ne peux pas. J'ai un match de demi-finale après l'école.

D'accord, mais après mon club écolo. Aujourd'hui, la réunion est aussi importante que le match de Frédéric. On lutte contre la cigarette à l'école.

Défense de fumer

Le père, la mère et Léo quittent la maison. Ils conduisent Léo à l'école.

On doit partir ! Bonne journée, vous deux. Bonne chance à ton match, Frédéric. Amuse-toi au club, Monique !

Frédéric, n'oublie pas de sortir les ordures et de nettoyer la table avant de partir.

9

Frédéric, peux-tu m'aider à terminer mon travail de français ? Je suis moins organisée que toi.

Et c'est moi qui dois faire tes devoirs et faire le ménage !

10

Mais tu es plus vieux que moi et beaucoup plus responsable !

Toi, tu dois être moins excentrique et moins paresseuse ! Tu es aussi capable que moi. Allons, dépêchons-nous, Nathalie attend !

11

Monique et Frédéric ont manqué l'autobus.

Frédéric, qui est le beau gars avec Nathalie ?

Je ne sais pas.

12

À suivre…

Le comparatif

- Pour comparer des personnes et des choses **à d'autres**, on emploie :

  plus… que… pour exprimer un degré **supérieur** de l'adjectif.

  > Frédéric est **plus** organisé **que** Monique.
  > Monique est **plus** excentrique **que** Léo.
  > La chambre des garçons est **plus** grande **que** celle de Monique.

  aussi… que… pour exprimer un degré **égal** de l'adjectif.

  > Monique est **aussi** intelligente **que** Frédéric.
  > Les enfants sont **aussi** occupés **que** les parents.

  moins… que… pour exprimer un degré **inférieur** de l'adjectif.

  > Monique est **moins** organisée **que** Frédéric.
  > Frédéric est **moins** excentrique **que** Monique.
  > Les vêtements de Frédéric sont **moins** rétro **que** ceux de Monique.

- L'adjectif s'accorde en **nombre** (singulier/pluriel) avec le nom.

  > **Léo** est moins **organisé** que Frédéric.
  > **Ils** sont plus **organisés** que Monique.

- L'adjectif s'accorde en **genre** (masculin/féminin) avec le nom.

  > **Monique** est aussi **sportive** que Frédéric.
  > **Frédéric** est aussi **sportif** que Monique.

- Lorsqu'il se rapporte à **deux noms**, l'adjectif s'accorde au masculin pluriel.

  > **La mère et le père** sont aussi **occupés** que les enfants.

Une exception importante

- Pour exprimer une comparaison de **supériorité** avec l'adjectif *bon/bonne*, on emploie *meilleur/meilleure* :

  > Frédéric est **bon** en français. Il est **meilleur** que Monique.
  > Monique est **bonne** en dessin. Elle est **meilleure** que Frédéric.
  > Frédéric et Léo sont **meilleurs** que Monique en mathématiques.
  > Léo est **bon** en mathématiques. Il est **aussi bon** que Frédéric. Frédéric n'est pas **meilleur** que Léo.
  > Monique est **moins bonne** que Léo en musique.

Au travail!

Premières impressions, Partie A

Tu as lu le premier épisode du roman-photo. Dans une histoire, tu sais que les **personnages** sont un élément important.

Rappelle-toi que dans la tâche finale, tu vas créer l'épisode final du roman-photo. Pour te préparer, commence à réfléchir aux personnages.

- Quelles sont leurs **qualités** ? Donne tes impressions personnelles.

- Quels sont leurs **intérêts** ?

- **Compare** les personnages entre eux.

Pour t'aider, va à la page 7 de ton Cahier.

NEL

L'ordre de naissance

En route !

■ As-tu des frères ou des sœurs ? Combien ?

■ Les enfants de ta famille ont-ils des personnalités semblables ou différentes ?

■ Es-tu l'aîné ou l'aînée des enfants ? Le cadet ou la cadette ? Le benjamin ou la benjamine ? Es-tu l'enfant unique ?

Quel est ton ordre de naissance dans la famille ? Sais-tu que l'ordre de naissance peut avoir une influence sur ta personnalité et ton comportement dans la vie ? Selon la théorie du médecin et psychologue Alfred Adler, l'ordre de naissance a une grande influence sur la personnalité d'un enfant. Il peut influencer le choix d'une carrière et d'un mariage.

Voici quelques tendances générales.

L'AÎNÉ L'AÎNÉE	LE CADET LA CADETTE	LE BENJAMIN LA BENJAMINE	L'ENFANT UNIQUE
Comme enfant... • il est le plus responsable et le plus sérieux de la famille • il est le moins désordonné • il est souvent le plus capable	**Comme enfant...** • elle aime l'action et la compétition avec ses frères et sœurs • elle est la plus réprimandée de la famille • elle aime prendre des risques	**Comme enfant...** • il a beaucoup plus de liberté que les autres enfants de la famille • il est souvent le plus gâté et le plus protégé • il est toujours « le bébé »	**Comme enfant...** • ses parents l'adorent • elle peut être égoïste • elle a de la difficulté à partager • elle aime passer du temps avec les adultes • elle peut être trop protégée et gâtée
Comme adulte... • il est le plus strict • il est le plus fidèle aux valeurs familiales	**Comme adulte...** • elle est la moins stressée de la famille • elle est la plus à l'aise • elle a un grand sens de la justice	**Comme adulte...** • il a souvent du succès • il aime faire le fier • il est souvent le plus original	**Comme adulte...** • elle a souvent du succès • elle peut rester égoïste

Ces généralisations sont quelquefois contestées. Il est évident qu'il y a d'autres facteurs déterminants qui peuvent influencer le comportement. Par exemple, l'éducation, le sexe de l'enfant et la différence d'âge entre les frères et les sœurs ont une influence sur le développement de la personnalité.

Est-ce que tu te reconnais dans ces descriptions générales ?

Étude de la langue

Le superlatif

■ Pour comparer des personnes et des choses **à un groupe**, on emploie :

le plus… / la plus… / les plus… pour exprimer un degré **supérieur** de l'adjectif.

> L'aîné est **le plus** sérieux (de la famille).
> La cadette est **la plus** active (de la famille).
> Les enfants uniques sont **les plus** égoïstes (des enfants).

le moins… / la moins… / les moins… pour exprimer un degré **inférieur** de l'adjectif.

> Le benjamin est **le moins** sévère.
> La cadette est **la moins** stressée.
> Les aînés sont **les moins** désordonnés.

Une exception importante

■ Pour exprimer le superlatif de l'adjectif *bon/bonne*, on emploie *le meilleur/la meilleure/les meilleurs* :

> Le cadet est **le meilleur** compétiteur.
> La benjamine est **la meilleure** artiste.
> Les enfants uniques sont **les meilleurs** compagnons.

Au travail!

Premières impressions, Partie B

Complète la description des personnages à la page 10 de ton Cahier.

■ Après la lecture du texte « L'ordre de naissance », as-tu découvert d'autres qualités aux personnages ?

■ Ajoute deux superlatifs à la description de chaque personnage.

■ Lis tes descriptions à la classe. Est-ce que tes descriptions ressemblent à celles des autres élèves ?

En route !

- Regarde les images du deuxième épisode. Qui sont les personnages ? Où sont-ils ?

- Qu'est-ce qu'il y a dans ton casier à l'école ?

- En classe, avec qui t'assois-tu ? Prends-tu toujours la même place ?

- Fais les activités de la page 14 de ton Cahier pour t'aider à comprendre l'épisode.

Le poème romantique

Épisode 2

À l'école Richelieu, les élèves sont aux casiers avant les cours. Nathalie parle avec un garçon. Gabrielle, une copine de Frédéric, regarde la scène.

Frédéric arrive en retard à son cours de littérature. Sa place, à côté de Nathalie, est occupée par un nouvel élève.

Frédéric, pourquoi es-tu en retard ?

Désolé, monsieur. J'ai manqué l'autobus ce matin.

2

Bien. Alors, place-toi à côté de Gabrielle.

3

C'est qui, le gars à ma place ?

C'est un nouveau. Je l'ai vu ce matin au casier de Nathalie.

4

C'est vrai ?!

Oui. Tu dois faire attention. Je pense qu'il s'intéresse à ta blonde.

5

Alors, est-ce que quelqu'un veut lire le poème à la page 67 ?

6

Oui, Étienne...

7

Es-tu romantique ?

Réponds aux questions par OUI ou NON dans ton Cahier à la page 15.

1. Tu as pleuré pendant le film *Titanic*.

2. L'amour est plus important que l'amitié.

3. Les amours des célébrités t'intéressent beaucoup.

4. Tu lis souvent ton horoscope.

5. Tu aimes passer du temps avec ton/ta petit(e) ami(e).

6. Tu pleures quand tu écoutes des chansons romantiques.

7. Tu aimes recevoir ou donner des fleurs et des chocolats.

8. Tu aimes les danses lentes.

9. Tu lis beaucoup de romans d'amour.

10. Tes émissions préférées sont les séries télévisées.

Résultats

Plus de 7 « OUI » :	**4 à 7 « OUI » :**	**0 à 3 « OUI » :**
Grande(e) romantique	**Romantique rationnel(le)**	**Romantique discret(ète)**
L'amour est la chose la plus importante pour toi.	Tu as la tête sur les épaules et les pieds sur terre.	Tu gardes tes sentiments pour toi.

- De quoi est-ce que Frédéric et Nathalie parlent ?

- Frédéric est-il content ou mécontent ? Pourquoi ?

- Quelle est l'attitude de Nathalie ?

Leçon 7

Un rendez-vous manqué

Épisode 3

Après le cours de littérature, Nathalie parle avec Frédéric.

> Et la fête après le match, est-ce que tu vas venir ?

> Désolée, Frédéric.

Dans le troisième épisode, tu vas écouter une conversation entre Frédéric et Nathalie.

Va à la page 16 de ton Cahier pour t'aider à comprendre la conversation.

NEL

41

Le match de basket

Épisode 4

C'est le cours d'éducation physique au gymnase de l'école. D'habitude, Frédéric est le meilleur de la classe. Mais aujourd'hui, c'est Étienne qui marque le premier panier.

Étienne est plus grand que moi, mais je suis meilleur que lui. Il va voir… !

Frédéric s'avance avec le ballon, mais la défensive est trop forte.

Bravo, Étienne !

1

Étienne reprend le ballon et réussit un autre panier. Frédéric tombe en défendant son panier. Il se fait mal à la jambe.

Pierre, prends la place de Frédéric.

Frédéric, veux-tu de la glace ?

Merci.

2

NEL

Frédéric attend Nathalie à la cafétéria. Il a un sac de glace sur la jambe.

Ça va, la jambe ? Étienne dit que tu es blessé.

Non, ce n'est pas grave.

3

Désolé, mon vieux. Quel jeu !

Oui, pour toi... Tu as gagné !

4

Je dois faire visiter l'école à Étienne. Tu veux venir avec nous ou tu dois prendre soin de ta jambe ?

Je vais rester ici.

5

D'accord. À plus tard. Je vais t'appeler cette fin de semaine.

6

Tiens, Frédéric ! Où est Nathalie ?

Elle est partie avec Étienne.

7

Alors, c'est comme j'ai dit : tu dois faire bien attention, Frédéric !

Je sais. Je viens de jouer au basket contre lui... et regarde ma jambe.

Oh non !

8

Tu sais Frédéric, j'ai quelque chose que tu dois lire.

Un magazine de filles ? Non, merci. Je ne suis pas intéressé.

9

Frédéric, crois-moi, tu vas t'identifier avec ce courrier du cœur. Et puis, c'est un garçon qui a écrit la lettre.

10

En route !

- Qu'est-ce que le « courrier du cœur » ?

- Où trouve-t-on un courrier du cœur ?

- Qu'est-ce qu'on écrit au courrier du cœur ?

Bienvenue à

La page Ado Expert

Des conseils pour tous les problèmes

A

Cher Ado Expert,

Je suis un garçon de 17 ans et ma vie est en ruine ! J'ai une blonde depuis 8 mois. Aujourd'hui un nouveau garçon est arrivé à notre école et elle a passé toute la journée avec lui. Ils sont arrivés en classe ensemble et ils sont allés à la cafétéria ensemble. Il a même lu un poème d'amour pour elle ! Il est plus beau que moi, plus sportif que moi et même plus romantique que moi. Je pense qu'elle veut sortir avec lui. Qu'est-ce que je dois faire ?

Peux-tu m'aider ?

Amoureux discret

Cher Amoureux discret,

Tu manques de confiance et tu n'exprimes pas assez tes sentiments. As-tu parlé à ta blonde ? Je crois qu'il y a un malentendu entre vous. Si tu lui parles, elle va peut-être expliquer son comportement. Dans une relation, la communication est très importante. As-tu exprimé tes sentiments ? Ne te compare pas à ce garçon. Tout le monde a ses forces et ses faiblesses. Tu dois avoir confiance en toi et adopter une attitude positive.

Bonne chance et bon courage.

Ado Expert

B

Cher Ado Expert,

J'ai besoin d'aide. J'ai 14 ans et mes parents ne me comprennent pas. Je suis une fille très moderne et j'ai un style personnel. À la maison, il y a souvent des disputes. Mes parents disent qu'ils n'aiment pas mes vêtements, ma musique et mes opinions. Ils me comparent toujours à mon frère qui est plus responsable et plus organisé que moi. Qu'est-ce que je peux faire ? Merci d'avance.

Malheureuse

Chère Malheureuse,

Tu dois expliquer à tes parents que tu n'es pas ton frère. Tu as tes propres opinions et intérêts. Toi et tes parents, vous pouvez trouver des solutions dans le dialogue et la tolérance. Je suis certain qu'ils vont essayer de te comprendre. Ce sont tes parents et ils t'aiment.

Ado Expert

NEL

Cher Ado Expert,

La vie est compliquée ! Cette semaine, j'ai eu deux examens, je suis allé à une réunion de mon club informatique et j'ai écrit un article pour le journal de l'école. En plus, j'ai travaillé au casse-croûte trois soirs. La semaine prochaine, je dois faire une recherche en histoire et je dois préparer une présentation pour le cours de français. C'est trop ! C'est vraiment impossible ! Je ne peux pas dormir. Je veux savoir si tous les jeunes ont ces mêmes problèmes.

Trop occupé

Cher Trop occupé,

Tu veux en faire trop. Le stress peut provoquer la tension, la nervosité ou la dépression. Tu dois faire des choix et t'organiser. As-tu un emploi du temps ? Tu peux l'afficher dans ta chambre. L'école est plus importante que ton travail à temps partiel. Tu dois parler à ton patron. Demande-lui si tu peux travailler moins d'heures. Finalement, tu dois aussi t'amuser et te relaxer. Est-ce que tu fais du sport ? Sors-tu avec tes amis pendant la fin de semaine ? Bonne chance !

Ado Expert

Cher Ado Expert,

Je t'écris parce que je ne sais plus quoi faire. J'ai confié un secret à ma meilleure amie. Hier, à l'école, elle a raconté mon secret à tout le monde ! Elle est indiscrète et bavarde ! Quand j'ai entendu des rumeurs, j'étais triste et fâchée. Qu'est-ce que je dois faire ? Je veux garder notre amitié, mais je ne peux pas lui faire confiance. Peux-tu m'aider ? Merci d'avance.

Désespérée

Chère Désespérée,

Le bavardage est un grand problème dans les écoles aujourd'hui. Ton amie veut devenir populaire en racontant tes secrets. Cela peut être dangereux. Je dis souvent que la communication est la clé de tous les problèmes. As-tu expliqué à ton amie que son indiscrétion te fait de la peine ? Si elle ne veut pas comprendre, elle n'est pas une vraie amie. Si elle continue ses bavardages, tu dois oublier cette amie et trouver une autre amie plus fidèle. Bon courage.

Ado Expert

Les **bavardages**

En route !

- De quoi parles-tu avec les garçons ? Et avec les filles ?

- Est-ce que tu changes parfois les faits pour rendre une histoire plus intéressante ?

- Regarde les images du cinquième épisode. Qui sont les personnages ? Où sont-elles ? De quoi parlent-elles ? Note tes réponses à la page 19 de ton Cahier.

Épisode 5

Ahn, Sylvie et Monique sont dans la classe d'arts plastiques.

Hé, vous deux ! Vous avez vu le nouveau garçon, Étienne ?

Qu'est-ce que tu veux dire ?

Ma sœur Gabrielle m'a dit qu'Étienne est amoureux de Nathalie. Ils sont venus ensemble à l'école et ils sont allés ensemble à tous les cours. Étienne a même écrit un poème d'amour pour Nathalie !

Ah oui, il est super beau. Mais tu sais, Ahn, c'est la bagarre entre lui et Frédéric.

①

Quoi ?

J'ai vu Nathalie et Étienne ensemble pendant le lunch, sans Frédéric. Ils sont entrés à la bibliothèque, ensuite ils sont partis ensemble.

Pas possible. Nathalie et Frédéric sont inséparables. Ils mangent toujours ensemble à la cafétéria.

Il a poussé Frédéric pendant le cours d'éducation physique. Frédéric est tombé et il s'est blessé gravement à la jambe.

②

③

Pas aujourd'hui. C'est ma sœur qui a mangé avec Frédéric.

Bien sûr. Elle a parlé à Frédéric et il ne veut plus sortir avec Nathalie. C'est fini entre eux.

Gabrielle ?

Ridicule ! Ce sont des bavardages. Vérifiez les faits avant de raconter des histoires !

④

⑤

À suivre...

Étude de la langue

Le passé composé

▮ Le passé composé exprime une action achevée.

▮ Il est « composé » de deux verbes :

	le verbe *avoir* + un autre verbe		
	▼	▼	
J'	ai	écrit	un article de journal.
Tu	as	parlé	à ta blonde.
Elle, Il	a	lu	un poème.
Nous	avons	mangé	ensemble.
Vous	avez	vu	le nouveau garçon.
Elles, Ils	ont	bavardé	en classe.

(La majorité des verbes français forment le passé composé avec *avoir*.)

	le verbe *être* + un autre verbe		
	▼	▼	
Je	suis	allé(e)	à une réunion de mon club.
Tu	es	tombé(e).	
Elle, Il	est	arrivé(e)	à l'école.
Nous	sommes	parti(e)s	ensemble.
Vous	êtes	allé(e)s	au match.
Elles, Ils	sont	entré(e)s	à la bibliothèque.

(Seulement quelques verbes forment le passé composé avec *être*.
Exemples : **aller, arriver, entrer, partir, sortir, tomber, venir.**)

▮ La forme négative du passé composé :

Les camarades de Monique **n'**ont **pas** parlé à Frédéric.
Nathalie **n'**est **pas** allée à la fête.

Au travail !

A Dans les sous-tâches précédentes, tu as donné tes premières impressions sur quelques **personnages** du roman-photo.

- ▮ Complète ou modifie tes impressions à la page 10 de ton Cahier.

- ▮ Donne tes impressions sur les trois nouveaux personnages (Gabrielle, Sylvie, Ahn).

- ▮ Utilise un adjectif, un comparatif et un superlatif pour chaque nouveau personnage.

B Dans une histoire, l'**action** est un autre élément important.

- ▮ Résume l'action depuis le début du roman-photo.

- ▮ Commence à réfléchir à la suite de l'histoire.

En route !

- Parles-tu beaucoup au téléphone ? À qui parles-tu le plus souvent ?

- Dans la première photo, à quoi est-ce que Frédéric pense ?

- Dans la deuxième photo, de quoi parle-t-il avec ses parents ?

- Dans la troisième photo, à qui parle-t-il ?

Une journée difficile

Épisode 6

Il est 10 heures du soir. Frédéric joue à l'ordinateur dans sa chambre.

Monsieur et madame Tremblay rentrent du cinéma.

Depuis le début de l'unité, tu as fait la description des **personnages**, tu as résumé l'**action** et tu as reconnu les **lieux** où l'histoire se passe.

C'est à ton tour d'imaginer une suite à la journée de Frédéric. Tu vas créer et présenter un épisode final du roman-photo. Décide d'abord comment tu vas travailler.

Un travail d'équipe : une saynète

- Mettez en commun vos idées pour la suite de l'histoire.
- Choisissez les meilleures idées et créez une saynète.
- Distribuez les rôles entre les membres de l'équipe et répétez votre saynète.
- Présentez la saynète à la classe, en direct ou sur vidéocassette.
- Faites un résumé écrit de votre épisode final.

Un travail individuel : un épisode du roman-photo

- Revois tes idées pour la suite de l'histoire.
- Choisis des illustrations ou crée des images pour le roman-photo.
- Écris les dialogues des personnages dans les bulles.
- Présente ton roman-photo et le résumé de l'épisode final à la classe.

La page 25 de ton Cahier va t'aider à créer l'épisode final.

Vagabonds de l'espace

Est-ce que **Solis** va aider les jumeaux?

Les Gardiens de **Kral** cherchent les jumeaux Miko et Mara.

Comment déprogrammer le mur invisible?. Chibot a une **bonne idée!**

Dans cette unité...

Tu vas lire une histoire d'aventures basée sur l'émission *Vagabonds de l'espace*. Tu vas parler des personnages, de l'action et des scènes d'un épisode de cette émission.

Communication orale

Tu vas…
- analyser les actions des personnages de l'histoire ;
- prédire les événements ;
- présenter des entrevues ;
- parler des personnages, de l'action et des scènes d'un épisode d'une émission.

Lecture

Tu vas…
- lire une histoire d'aventures ;
- lire une lettre.

Écriture

Tu vas…
- créer un menu pour un restaurant bizarre ;
- décrire une émission de télévision.

La tâche finale :
- créer un nouvel épisode pour l'émission *Vagabonds de l'espace*. Tu vas décrire les personnages, l'action de l'épisode et les scènes.

- Regarde les personnages aux pages 6 et 7 de ton cahier. À ton avis, quels personnages sont bons et quels personnages sont méchants?

- En petits groupes, écrivez trois ou quatre phrases pour prédire ce qui va arriver. Comparez votre prédiction avec la prédiction d'un autre groupe. Puis, lisez l'introduction à l'histoire pour vérifier vos prédictions.

Danger sur la PLANÈTE LUXOR!

Dans le palais de Kral

Arrêtez Zépo et Lida! Ces gens sont des ennemis! On doit les mettre en prison!

WHIRR..CLIC

Vos parents sont en route pour la prison sur Lune 8. Allez chercher Solis au café Galactique. Il va vous protéger.

A Fais l'activité de compréhension à la page 8 de ton cahier.

La lune des vacances

Le vaisseau spatial de Solis arrive à Lune 3. La saison des vacances est finie. Il n'y a plus de touristes maintenant. Il fait froid et il pleut.

Il fait très beau pendant la saison des vacances.

Quel temps terrible!

Plus vite! La pluie peut détruire mon mécanisme.

NEL

A Pourquoi est-ce que Miko, Mara, Chibot et Solis décident d'aller à Lune 3?

B Pourquoi est-ce qu'ils ne peuvent pas aller directement à Lune 8?

C Fais l'activité de compréhension à la page 10 de ton cahier.

Étude de la langue

Pas de

En été il y a **des touristes** sur Lune 3.

En hiver il n'y a **pas de touristes** sur Lune 3.

À Luxor il y a **des Gardiens** partout.

Il n'y a **pas de sécurité** pour les jumeaux.

Sur Lune 5 il n'y a **pas de Gardiens**.

Il y a **de la sécurité** pour les jumeaux.

- Quels petits mots est-ce que vous trouvez devant les noms *touristes* et *Gardiens* dans la première phrase de chaque paire à la page précédente?

- Comment est-ce que ces mots changent dans une phrase négative?

A. Réponds *non* aux questions suivantes et fais les autres changements nécessaires.

EXEMPLE : As-tu **des** billets d'autobus?

Non, je n'ai **pas de** billets.

1. Est-ce que Miko a **des** amis sur Lune 3?

2. Est-ce que Solis a **des** vaisseaux spatiaux sur Lune 8?

3. As-tu **des** suggestions pour les jumeaux?

4. Manges-tu **du** lézard?

5. Voyez-vous **des** Gardiens au galactoport?

ATTENTION **!** On change aussi *un*, *une*, *de la* et *de l'* à *de* dans une phrase négative.

B. Pose une question à ton ou à ta partenaire. Ta question doit ressembler à l'exemple dans la partie A. Ton ou ta partenaire va commencer sa réponse avec *non*.

ATTENTION **!** Pour plus d'informations, va à la page 163.

Au boulot **!**

Pour commencer ton annonce publicitaire pour la télésérie *Vagabonds de l'espace*, tu vas préparer un graphique qui indique les éléments importants de la production.

Tu vas choisir :

- les personnages;

- les scènes;

- les actions de l'épisode.

Utilise la page 12 de ton cahier pour faire tes préparatifs.

Utilise les idées dans ton graphique pour écrire un paragraphe qui décrit l'épisode.

En route !

- Nomme des choses que tu aimes manger.

- Quand tu manges dans un restaurant, es-tu aventureux ou aventureuse? Si tu réponds *oui*, donne un exemple. Consulte le dictionnaire visuel à la page 16 de ton cahier.

> Bien, Solis, tu as raison. Les habitants de Lune 5 sont très gentils.

> Encore de l'eau, mon jeune monsieur?

> Oui, notre serveuse est extrêmement gentille. Mais, Solis... regarde le menu!

L'ASTROLABE

Les sandwiches
Le sandwich aux escargots et aux pousses de soja

Le sandwich aux oignons et aux fourmis

Les plats principaux
Le plateau Astrolabe : une grande sélection de reptiles dans notre sauce secrète

Les spaghettis aux vers de terre du désert

La pizza au fromage microbien

Les desserts
La tarte aux pommes artificielles

La crème glacée aux grenouilles

A Fais l'activité de compréhension à la page 17 de ton cahier.

B À ton avis, est-ce que Chibot va accepter l'offre d'un morceau de lézard? Pourquoi ou pourquoi pas?

C À deux, composez un menu pour un autre restaurant de Lune 5. Mentionnez un sandwich, un plat principal et un dessert. Faites référence au dictionnaire visuel à la page 16 de votre cahier.

D Prépare une carte du système solaire de la planète Luxor. Montre les huit lunes. Indique les lunes habitées. Garde cette carte pour ta tâche finale.

Au boulot !

Pour la deuxième partie de ton annonce publicitaire pour la télésérie *Vagabonds de l'espace*, tu vas écrire un petit paragraphe pour le magazine qui annonce les émissions de la semaine. Dans ton paragraphe, tu vas décrire un épisode de la série *Vagabonds de l'espace*. Regarde la description d'un épisode sur cette page.

Dans ton paragraphe tu vas inclure :

- cinq phrases pour décrire l'action;
- quatre personnages de l'histoire;
- deux scènes différentes;
- une phrase avec l'expression *pas de*.

Avant de commencer, fais l'activité d'écoute à la page 18 de ton cahier. Ensuite, fais ton analyse de l'épisode à la page 19 de ton cahier.

Stratégies

Quand tu écris...

Organise ton travail!

Utilise :

- des ressources!
- un modèle!

Fais :

- ton brouillon!
- tes corrections!
- ta copie finale!

Vérifie dans le lexique ou dans un dictionnaire!

---

un grand coup. (30 minutes)

20 h 00

3 - 5 - 62 Vagabonds de l'espace. Les jumeaux décident qu'il est trop dangereux de rester dans la rue ou d'entrer dans le café Galactique. Ils vont au galactoport où ils trouvent le vaisseau spatial de Solis. Solis prend contact avec Samra, mais elle ne sait pas où sont les enfants. Arpot, le chef des Gardiens, rapporte à Kral que Solis est allé chercher les enfants au café. Kral répond que les jumeaux ne doivent pas quitter la planète. (60 minutes)

7 - 35 Fleurs et jardins. Martin ébranle

Leçon 7

KRAL a des problèmes

En route !

- Regarde les illustrations, mais ne lis pas le texte. Réponds aux questions suivantes. Où sont les personnages? De quoi est-ce qu'ils parlent? Pourquoi est-ce que Kral est fâché? Pourquoi est-ce que Samra est enfin heureuse?

- Maintenant, lis le texte pour vérifier tes prédictions.

De bonnes nouvelles, maître?

C'est une lettre du capitaine des Gardiens.

Maître,

Nous continuons à suivre vos ordres, mais j'ai une mauvaise nouvelle. Ce n'est pas une longue histoire; je vous donne donc tous les détails.

Le vaisseau de Solis a atterri sur Lune 3 avec les jumeaux. Ils ont rencontré Ralgar, notre ami, sur Lune 3. Ralgar nous a envoyé toutes les informations nécessaires au sujet des enfants. J'ai organisé une grande expédition à Lune 3. Nous avons atterri sur la lune mais nous n'avons pas trouvé les enfants! Solis a fait un autre voyage avec les enfants! Ils ne sont pas sur Lune 3!

Maître, j'ai passé trois jours à attendre vos instructions. J'ai donc décidé de vous écrire ce message.

Le capitaine des Gardiens,

Arpot

Arpot

RRRRIIIPPPP

Pourquoi est-ce que je fais confiance à un être humain?

Maître... tous les Gardiens sont des robots, n'est-ce pas?

Arpot est une exception. Et regarde comment il fonctionne; « Maître, j'ai passé trois jours à attendre vos instructions »!

Et à sa place, un robot...

Un robot n'attend pas de nouvelles instructions! Ses instructions sont de trouver les jumeaux et de les ramener ici! Les enfants ne sont pas sur Lune 3? Alors... un bon robot va chercher les jumeaux sur Lune 4!

Ah oui, je comprends.

Je dois envoyer des instructions à Arpot pour aller à Lune 4. Je suis certaine que Solis est sur Lune 5 avec ses amis.

Samra, envoyez un message à Arpot. Il doit aller chercher les jumeaux sur Lune 4.

!

Oui, maître, immédiatement.

A Qu'est-ce qu'on apprend avec surprise au sujet des Gardiens?

B Qu'est-ce que Samra fait pour aider les jumeaux?

C À deux, créez et présentez la conversation entre Samra et Arpot.

Étude de la langue

J'**ai organisé** une grande expédition à Lune 3.

Nous n'**avons** pas **trouvé** les enfants.

J'**ai passé** trois jours à attendre vos instructions.

- Est-ce que ces phrases parlent du présent, du passé ou du futur?
- Quel est le premier mot du verbe dans chaque phrase?
- Comment est-ce qu'on termine un verbe en -*er* au passé composé?
- Où est-ce qu'on met *ne* et *pas* à la forme négative?

A. Mets les phrases suivantes au négatif.

1. Nous avons mangé à un restaurant bizarre.
2. J'ai trouvé le dîner délicieux.
3. Les robots ont parlé à Solis.
4. Kral a aimé le message d'Arpot.
5. Samra a quitté Luxor.

B. Mets les phrases suivantes au passé composé.

1. Je mange une pomme.
2. Mon frère regarde la télévision.
3. Nous jouons au baseball.
4. Mes parents préparent le souper.
5. Tu parles au téléphone.

ATTENTION! Pour plus d'informations, va à la page 167.

En route !

■ Imagine que tu peux déprogrammer le mur invisible et les Gardiens de Lune 8. Qu'est-ce que tu vas déprogrammer tout d'abord : le mur ou les Gardiens? Explique tes actions.

UN CHIEN FORMIDABLE

Chibot, mon ami. Tu as fait des progrès?

J'ai fait d'excellents progrès, Solis. Nous n'allons pas avoir de problème avec le mur invisible.

Le médaillon sur ton collier est très intéressant.

Ne touchez pas à mon médaillon! Il contrôle mon mécanisme!

WHIRR

Oui, Solis. Si on tourne le médaillon vers la droite, Chibot ne fonctionne pas. On doit reprogrammer le mécanisme.

Et si on tourne le médaillon vers la gauche, c'est la fin pour toujours!

LUXOR LIBRE!

LUXOR LIBRE!

Est-ce que tous les robots fonctionnent de la même façon?

Non. Pour un groupe, on utilise un logiciel qui déprogramme tous les membres du groupe en même temps.

A Fais l'activité de compréhension à la page 23 de ton cahier.

B Comment est-ce que Chibot a trouvé le logiciel pour déprogrammer les Gardiens?

C Pourquoi est-ce que Miko et Mara sont heureux maintenant?

D Fais l'activité d'écoute à la page 24 de ton cahier, puis à deux, faites une liste de deux actions de Miko et Mara, de Solis et de Chibot qui font avancer l'histoire.

En route!

Chibot a déprogrammé les Gardiens et le mur invisible. Maintenant Solis, les jumeaux et Chibot sont sur Lune 8. Quel est le dernier obstacle qui reste à surmonter?

La Liberté!

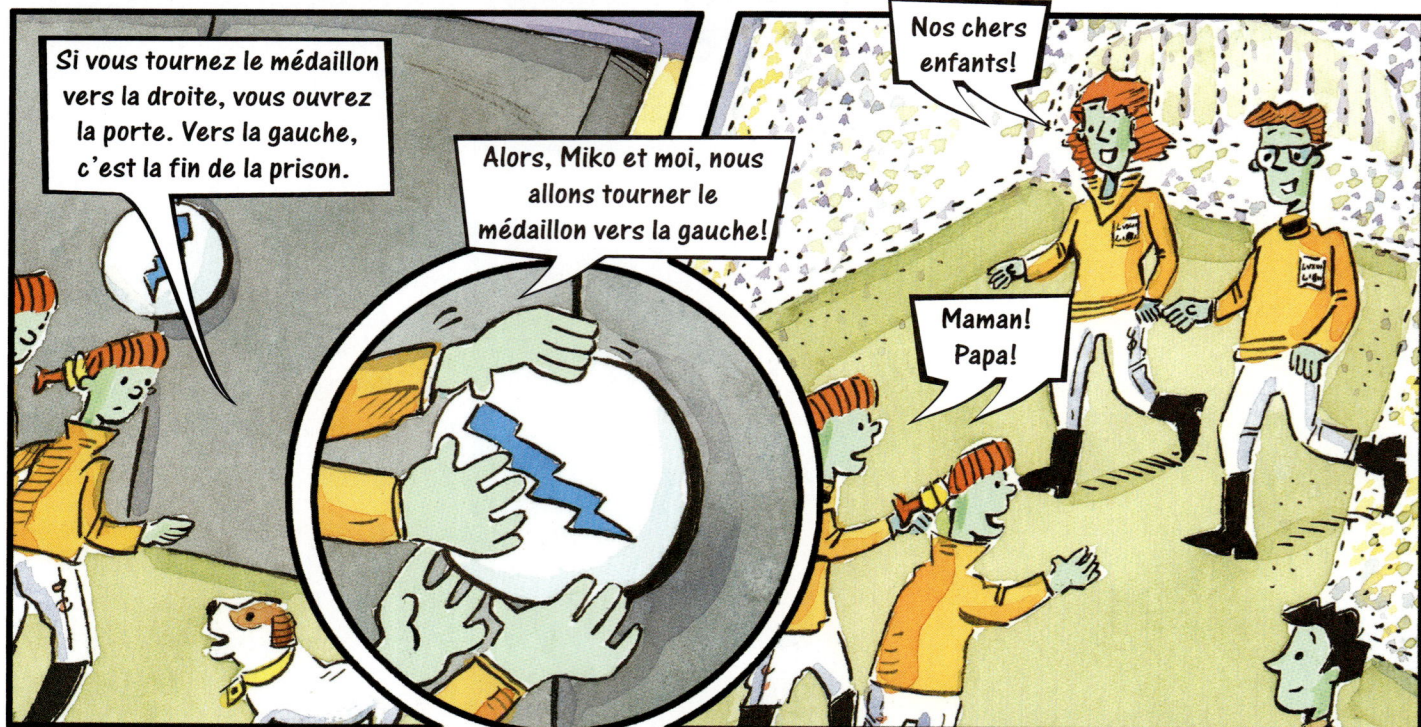

A À deux, préparez cinq questions de compréhension sur la dernière partie de l'histoire. Posez vos questions à un autre groupe.

B À deux, écrivez cinq questions qu'un ou qu'une reporter peut poser à Zépo et à Lida quand ils arrivent sur Luxor. Pensez à leurs réponses, puis présentez votre entrevue à vos camarades de classe.

C Écoute un acteur de l'émission parler de son rôle. Fais l'activité de compréhension à la page 25 de ton cahier.

Étude de la langue

Le passé composé de faire

Chibot, mon ami. Tu **as fait** des progrès?

J'ai fait d'excellents progrès, Solis.

- Regarde les mots en caractères gras. C'est le passé composé de quel verbe?

- Est-ce que le premier mot du verbe est différent des autres exemples au passé composé?

- Quel est le deuxième mot quand on forme le passé composé du verbe *faire*?

A. Mets les phrases suivantes au passé composé.

1. Je fais mes devoirs.
2. Tu fais les sandwiches.
3. Ma sœur fait du vélo.
4. Vous faites des progrès.
5. Nous faisons des plans.
6. Mes frères font du jogging.

ATTENTION! Pour plus d'informations, va à la page 168.

Au boulot!

À deux, préparez et présentez une entrevue avec un acteur ou une actrice qui joue un des rôles dans la télésérie *Vagabonds de l'espace*. La personne qui interviewe doit demander si l'acteur ou l'actrice aime son personnage et pourquoi. On demande aussi à l'acteur ou à l'actrice qui, à son avis, regarde l'émission (les adultes, les jeunes, etc.).

Utilisez dans l'entrevue :

- trois verbes au passé composé;

- des adjectifs pour décrire les personnages et les scènes de l'émission.

Mon émission
Vagabonds de l'espace

Maintenant tu vas présenter un nouvel épisode pour l'émission.

Pour ta présentation orale :

Tu vas décrire un épisode. Tu vas parler :
- des personnages de l'émission ;
- de l'action dans l'épisode ;
- de l'endroit où l'épisode a lieu.

Tu vas inclure dans ta présentation :
- des verbes au passé composé ;
- l'expression *pas de*.

N'oublie pas d'utiliser des aides visuelles et sonores, par exemple : une affiche, des portraits des personnages, ta carte du système solaire de Luxor, de la musique et des effets sonores.

Stratégies

Quand tu fais une présentation...

Regarde tes camarades de classe!

Parle :

- fort!
- clairement!
- de façon expressive!

Change le ton de ta voix!

Ne parle pas trop vite!

Ajoute des actions et des gestes!

Utilise des aides visuelles et sonores!

Écoute Léonie faire sa présentation.

TÉLÉAVENTURES PRÉSENTENT
VAGABONDS DE L'ESPACE
TOUS LES JEUDIS À 20 HEURES

MIKO CHIBOT MARA

NEL

Fêtes et Mardi gras

VIDÉO

- Quatre ados organisent une fête
- Visite au Festival acadien

EXCLUSIF!
La chanson
Ma Louisianne
de Zachary Richard

En route !

- Quelles fêtes ont lieu dans ta région ?
- Connais-tu d'autres célébrations ?
- Qu'est-ce qui se passe pendant ces fêtes ?
- Qu'est-ce que le Mardi gras ?

78

Dans cette unité

Communication orale

Tu vas...

- parler de diverses fêtes ;
- parler de musique ;
- regarder des vidéos ;
- écouter des conversations ;
- écouter une chanson ;
- enregistrer un message ;
- faire une présentation.

Lecture

Tu vas...

- lire un article de magazine ;
- lire un dépliant touristique ;
- lire une fiche historique ;
- lire une biographie.

Écriture

Tu vas...

- écrire une annonce ;
- écrire une description de fête.

La tâche finale :

- faire le compte rendu d'une fête culturelle.

En route !

- As-tu déjà participé à une fête culturelle ? Laquelle ?

- Tu as fait des voyages ? Des petits, des grands ? Où ?

- Quels souvenirs as-tu rapportés des fêtes ou des voyages ?

Une idée

1

Ah, voilà Catherine, la grande voyageuse !

2

Patience, Rafik ! Je vais vous montrer tous mes souvenirs...

géniale!

3

Mais qu'est-ce que ça veut dire : Laissez le bon temps rouler ?

Nous pouvons nous amuser nous aussi. Catherine, tu m'as donné une idée...

M. Rémy, que pensez-vous de notre idée ?

C'est une idée intéressante.

4

5

- De quoi va-t-on parler dans la vidéo ?
- Qui sont les personnages ?
- Qui est le personnage principal ?
- Quels indices te renseignent ?

Continue l'activité dans ton Cahier à la page 3.

Étude de la langue

En route !

- Un peu de Géographie et d'Histoire.
- Les activités du Cahier page 9 vont t'aider à lire le texte.

Leçon 5

Un passé français

La Louisiane en 1803

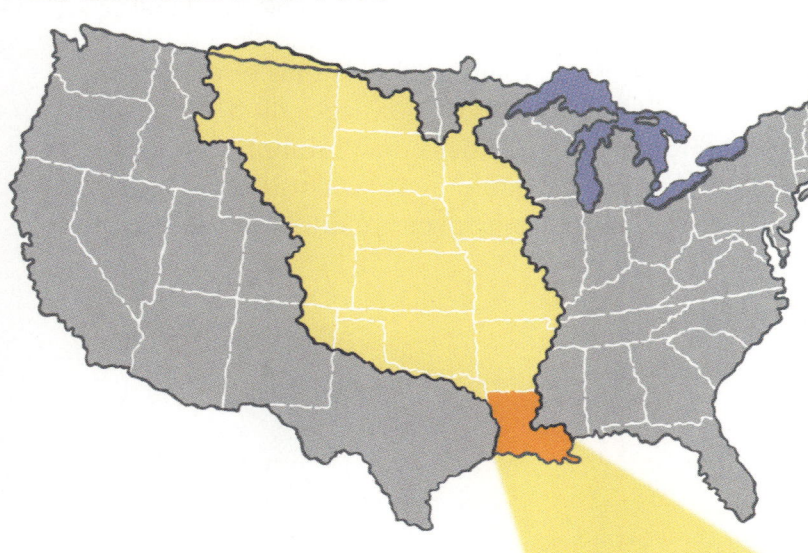

Quelques faits et dates

- Au 18e siècle, la France occupe la presque totalité du territoire entre les Appalaches et les Rocheuses. Ce territoire s'appelle la Louisiane.

- La Louisiane est nommée en l'honneur du roi de France Louis XIV.

- Fondation de la Nouvelle-Orléans en 1718, par Le Moyne de Bienville. Elle est nommée en l'honneur du duc d'Orléans, frère de Louis XIV.

- En 1755, environ 12 000 Acadiens sont déportés en France, dans les colonies des États-Unis et en Louisiane.

- En 1762, la France cède la rive gauche du Mississippi à l'Espagne, et la rive droite à la Grande-Bretagne en 1763.

- En 1800, la partie espagnole de la Louisiane revient à la France.

- En 1803, le Français Napoléon Bonaparte vend la Louisiane (la rive gauche du Mississippi) aux États-Unis pour la somme de 15 millions de dollars.

Quelques noms de lieux français en Louisiane

Détails géographiques	Personnages de France	Villes de France
Bâton Rouge	Colbert	Abbeville
Caillou	La Fayette	Charenton
Fausse Rivière	La Salle	Montpel(l)ier
Grand Coteau	Marion	(Nouvelle-)
Lafourche	Maurepas	Orléans
Plaquemines	Napoléon	
Terrebonne	Pontchartrain	
Ville Platte	Richelieu	

La Louisiane aujourd'hui

- Tu as encore des questions sur la Louisiane ?
- Que sais-tu au sujet du Mardi gras ?
- Connais-tu les traditions de la Louisiane ?
- Pour t'aider à comprendre le texte, va dans ton Cahier à la page 10.

Le goût de

Le Mardi gras

Le grand défilé du Mardi gras est l'attraction la plus populaire du carnaval de la Nouvelle-Orléans. Les personnages du défilé lancent gentiment aux spectateurs des médailles en aluminium appelées doublons. Beaucoup de gens collectionnent les doublons. On conseille aux touristes de mettre le pied sur un doublon tombé à terre : c'est un souvenir très recherché !

Vocabulaire utile pour comprendre le texte

bayou : (mot d'origine amérindienne) territoire marécageux, très riche en poissons, crustacés et petit gibier.

Cajun : prononciation approximative de « cadien », abréviation de « acadien » (prononcer *acadjan*).

Créole : habitant de la Louisiane et des Antilles originaire de France.

doublon : (mot d'origine espagnole : doblón, « double ») ancienne monnaie d'or espagnole.

gombo : (mot d'origine africaine) s'appelle aussi okra ; plante dont on mange le fruit comme un légume et qu'on utilise pour épaissir les sauces et les soupes.

jambalaya : (mot d'origine provençale) plat de riz, de tomates, de crevettes et de fines herbes.

zydeco : le mot (qui se dit *zarico* et *zorico*) vient de l'expression « les haricots » ; le zydeco est une forme de musique créole influencée par la musique cajun.

la Louisiane

La cuisine

Quand on visite la Louisiane, il faut absolument goûter à la cuisine créole et cajun. Parmi les mets typiques, il y a la jambalaya et le gombo. La cuisine cajun a ses origines dans les bayous. On y trouve des poissons, des crustacés, et même de l'alligator et de la tortue. Évidemment, il y a aussi les aliments sucrés : beignets, pralines et pouding au pain sont des spécialités régionales très populaires auprès de tous les visiteurs.

La musique

La musique cajun est née en Louisiane. C'est un mélange de plusieurs influences musicales, dont le blues et le country. Les principaux instruments cajuns sont l'accordéon et le violon. Mais on ne peut pas parler de la Louisiane sans mentionner le zydeco, une rencontre des musiques créole et cajun. Les musiciens de zydeco jouent de l'accordéon et de la planche à laver (frottoir), qui remplace le violon. C'est un genre musical vraiment unique et maintenant connu dans le monde.

Eraste et Arville Courville

Des mots « voyageurs »

Tous les jours, dans toutes les langues, nous créons des mots :
- des mots nouveaux pour décrire des réalités nouvelles ;
- des mots anciens qui prennent un sens nouveau ;
- des mots souvent empruntés à d'autres langues.

Acadie (La Cadie) : mot micmac qui signifie « lieu fertile ».

Canada : mot huron ou iroquois (kanata) qui signifie « village ».

carnaval : vient de l'italien *carnevale*, altération du latin *carne levare* « ôter la viande » ; le mot italien a donné *carnival* en anglais et *carnaval* en français.

festival : emprunté à l'anglais par le français, formé sur le latin *festivus* « amusant ».

Québec : mot algonquin qui signifie « l'endroit où le fleuve se rétrécit ».

Combien de mots soulignés dans le texte *Le goût de la Louisiane* sont empruntés à d'autres langues ?

En route !

- Quel type de fête vas-tu organiser ?
- Quelle fête as-tu déjà organisée ?
- Quelles sont tes idées pour la fête ?
- Qu'est-ce que tu dois prévoir pour la fête ?

On s'organise !

Lis les quatre notes pour t'aider à comprendre la conversation.

N'oublie pas de consulter le Lexique à la fin de ton Livre.

1. Les colliers de perles
Les colliers sont fabriqués en plusieurs matériaux, couleurs et formes.

A Bon, on a un rendez-vous dans deux jours avec M. Rémy. Faisons un remue-méninges et je vais prendre des notes.

B Dans deux jours ! Ça ne laisse pas beaucoup de temps pour s'organiser.

C Ne t'inquiète pas ! J'ai beaucoup d'idées. Mais d'abord vous devez tous goûter à ce gâteau...

2. Les babioles

Pendant les défilés du Mardi gras, des personnages masqués lancent dans la foule de petits objets, appelés « babioles » : des doublons, des bonbons, des colliers, des fleurs, des balles, des sifflets, des verres de plastique, etc.

3. Le *king cake*

Au Moyen-âge, en France, on mange le « gâteau des Rois » le 6 janvier, en l'honneur des Rois mages venus adorer l'Enfant Jésus.

On cache une fève dans le gâteau et on coupe une partie pour chaque invité. La personne qui trouve la fève est couronnée « roi » ou « reine » de la fête.

4. Les couleurs du Mardi gras

Le violet pour la justice, le vert pour la foi et l'or pour le pouvoir.

« Le gâteau des Rois »

Une recette simple

Ingrédients

- 1 boîte de pâte à la cannelle, avec glaçage
- ¾ de tasse de sucre, divisée en 3 portions
- colorant alimentaire (bleu, rouge, vert, jaune)

Préparation

- rouler la pâte et la tordre
- former un ovale, insérer une fève ou un pois dans la pâte
- faire cuire selon les indications
- pendant la cuisson, colorer le sucre : une portion en violet (bleu et rouge), une portion en vert et une portion en or (jaune)
- après la cuisson, couvrir le dessus du gâteau avec un glaçage blanc
- saupoudrer le sucre sur le gâteau en alternant les couleurs

◼ Quels sont les éléments d'une fête ?

◼ Comment vas-tu partager les tâches ?

◼ Quelle va être ta contribution ?

Prépare-toi à écouter les suggestions des quatre amis.

Va à la page 12 de ton Cahier.

Les verbes composés

Les verbes composés avec *vouloir*

▪ Pour exprimer l'**intention**.

	vouloir	+	infinitif	
	▼		▼	
Je	**veux**		**manger**	un gâteau.
M. Rémy ne	**veut**	pas	**retarder**	le cours.

Je	**veux**	Nous	**voulons**
Tu	**veux**	Vous	**voulez**
Elle, Il	**veut**	Elles, Ils	**veulent**

Les verbes composés avec *pouvoir*

▪ Pour exprimer la **capacité** ou la **possibilité**.

	pouvoir	+	infinitif	
	▼		▼	
Élise	**peut**		**faire**	des affiches.
Les amis ne	**peuvent**	pas	**organiser**	un défilé.

Je	**peux**	Nous	**pouvons**
Tu	**peux**	Vous	**pouvez**
Elle, Il	**peut**	Elles, Ils	**peuvent**

Les verbes composés avec *devoir*

▪ Pour exprimer la **nécessité**.

	devoir	+	infinitif	
	▼		▼	
Tu	**dois**		**participer**	à la fête.
Rafik ne	**doit**	pas	**donner**	ses masques.

Je	**dois**	Nous	**devons**
Tu	**dois**	Vous	**devez**
Elle, Il	**doit**	Elles, Ils	**doivent**

Les verbes composés avec *il faut*

▪ Pour exprimer la **nécessité**.
L'expression ***il faut*** + infinitif

		▼		▼	
Il		**faut**		**demander**	la permission.
Il	ne	**faut**	pas	**acheter**	des costumes.

(L'expression « il faut » est utilisée à la 3e personne du singulier seulement.)

Au travail !

Vous avez un projet de fête.
Maintenant, il faut partager le travail.

▪ Qu'est-ce que vous **voulez** ou **pouvez** faire ?

▪ Qu'est-ce que vous **devez** faire ?

▪ Qu'est-ce qu'**il faut** faire ?

Préparez une grille des tâches.

Écrivez le nom des élèves qui participent.

NEL

En route !

- Demander des volontaires, est-ce une bonne idée ? Pourquoi ?
- De quoi vont-ils discuter pendant la réunion ?

Un événement inoubliable !

ON DEMANDE des VOLONTAIRES !

Participe à la fête du Mardi gras.

Réunion vendredi à midi
Salle de classe de M. Rémy

Laissez le bon temps rouler !

Au travail !

- Comment va ton projet ?
- As-tu besoin d'aide ?
- Cherches-tu des volontaires ?
- Que penses-tu d'un message ou d'une annonce pour demander de l'aide ?

Va à la page 16 de ton Cahier.

- Quels sont tes chanteuses et chanteurs préférés ?

- Quels types de musique connais-tu ?

- Connais-tu un artiste cajun ?

- Sais-tu qui est Zachary Richard ?

Zachary Richard

« Je suis Américain comme je suis Acadien. »

Zachary Richard est né en 1950, à Lafayette dans le sud de la Louisiane. Comme la plupart des Louisianais, sa langue de tous les jours est l'anglais. Il a appris le français, sa « langue du dimanche », avec ses grands-parents.

Musicien et chanteur, il a enregistré plus d'une douzaine d'albums. Il a connu plusieurs « disques d'or » et des succès aux États-Unis, au Canada et en Europe. Sa musique combine des influences cajun, zydeco, rock et blues.

Poète et écrivain, il a écrit trois recueils de poésie et il a reçu le Prix Littéraire Champlain. Avec sa fille Sarah, il a publié *Conte cajun*, une histoire pour enfants.

Engagé dans la promotion du français en Louisiane, il a produit un film sur l'histoire des Cadiens.

- Avant d'écouter sa chanson *Ma Louisianne*, tu vas lire une courte biographie de Zachary Richard.

Pour te préparer, va dans ton Cahier à la page 18.

En route !

- Les élèves de M. Rémy sont en train de préparer la fête. Ils ont écrit une chanson, mais elle n'est pas complète.

- Peux-tu la compléter ?

RAP MARDI GRAS

Youpi, youpi, on va fêter ! _____ ?
As-tu préparé _____ ?
As-tu acheté _____ ?

Vous mes amis, mes compagnons, _____ ?
Avez-vous créé _____ ?
Avez-vous pensé _____
C'est le temps de laisser le bon temps rouler.

Faut pas oublier _____ .
Faut pas oublier _____ ?

Qui a cuisiné _____ ?
Qui a pensé _____ .

Venez danser, venez _____ , venez fêter.
Venez _____
Laissez le bon temps rouler !

Au travail !

Une idée pour la fête !

- Peux-tu écrire une chanson ?

- Veux-tu enregistrer ta chanson ?

Prépare-toi dans ton Cahier à la page 19.

Festival acadien
de Caraquet, Nouveau-Brunswick

Des fanions tricolores décorent les bateaux.

Tous les bruits sont permis.

Le Festival a lieu tous les étés depuis 1964. C'est le plus vieux festival de l'Acadie. Il a pour but de faire la promotion de la culture acadienne. Il dure une dizaine de jours et se termine le jour de la Fête nationale des Acadiens, le 15 août.

C'est un événement touristique très important. C'est la fête acadienne la plus connue en Amérique du Nord. La programmation comprend une centaine d'activités bien organisées.

Les activités

Environ 20 000 Acadiens se retrouvent à Caraquet pour célébrer cette grande fête populaire.

Les festivaliers ont un grand choix d'activités : le théâtre, la musique, la chanson, la danse, le cinéma et les arts visuels.

Parmi les activités traditionnelles, il y a la bénédiction des bateaux. L'événement est chargé de symboles et d'émotions, car un grand nombre d'Acadiens vivent de la pêche.

À l'heure du midi, les familles se retrouvent au Village historique acadien pour un pique-nique très populaire.

La plus grande attraction du Festival demeure le tintamarre. C'est une vieille tradition acadienne qui marque la fin de la fête. À 18 heures, toute la population défile dans la rue. Les adultes portent les plus beaux costumes. Les jeunes ont les maquillages les plus amusants. Le tintamarre est une activité extrêmement bruyante : casseroles, cuillères, sirènes, trompettes, sifflets, klaxons, tout est permis. C'est la façon des Acadiens de crier au monde qu'ils sont bien vivants.

Les festivaliers sont maquillés.

La nourriture

Pendant le Festival acadien, on peut goûter à des mets typiques de la cuisine acadienne, une cuisine saine et simple qui utilise des produits de la ferme et de la mer.

Deux exemples sont la poutine râpée (boulette de porc enrobée de pommes de terre) et la tourtière (tarte à la viande).

La musique

Au Festival acadien, l'ambiance musicale est créée par des musiciens de toutes les régions acadiennes. La programmation est assez variée. On présente de la musique populaire, du jazz, du blues et de la musique classique.

Les arts visuels

La riche culture acadienne se manifeste dans tous les domaines. C'est pourquoi le Festival présente des expositions de peinture, de photographie, de sculpture, de céramique et de gravure. Le cinéma a aussi une place importante.

Les décorations

Les bateaux sont décorés de petits fanions tricolores, aux couleurs de la France : bleu, blanc, rouge.

Les festivaliers portent de beaux costumes et ils sont maquillés. Certains agitent le drapeau étoilé.

Les souvenirs

Le drapeau acadien est un souvenir vraiment populaire. On trouve aussi des t-shirts amusants et les objets les plus typiques de la région.

BIENTÔT SUR VOTRE ÉCRAN !

Une vidéo du Festival acadien

- Quelles informations trouves-tu dans les photos ?

- Qu'est-ce que tu vas faire avant de lire le texte ?

Va dans ton Cahier à la page 20.

A Les valeurs de l'adjectif

■ Certains adjectifs indiquent une **qualité** ou une **caractéristique** associée à un nom.

▼   ▼

*un **grand** défilé   le festival **acadien***
*une **belle** fête   la musique **classique***

B La place de l'adjectif

■ Certains adjectifs sont généralement placés **avant** le nom.

▼

*un **petit** souvenir*
*une **mauvaise** surprise*
*un **beau** costume*
*une **nouvelle** chanson*
*une **jeune** femme*

■ D'autres adjectifs sont placés **après** le nom.

▼

*un drapeau **étoilé***
*un fanion **tricolore***
*une fête **nationale***
*un défilé **bruyant***
*un événement **touristique***

C L'accord de l'adjectif

■ Règle générale, le **féminin** est formé en ajoutant un **-e** au masculin.

petit ➡ *petite*
grand ➡ *grande*
mauvais ➡ *mauvaise*
excellent ➡ *excellente*
varié ➡ *variée*

■ Il y a plusieurs autres façons de former le féminin des adjectifs.

acadien ➡ *acadienne*
vieux ➡ *vieille*
heureux ➡ *heureuse*
étranger ➡ *étrangère*
beau ➡ *belle*

■ Quand l'adjectif se termine par **-e**, il n'y a pas de différence entre le masculin et le féminin.

***un** festival populaire* ➡ ***une** fête populaire*
***un** texte facile* ➡ ***une** activité facile*

- -

■ Règle générale, le **pluriel** est formé en ajoutant un **-s** au masculin et au féminin.

grand ➡ *grands*
varié ➡ *variés*
bonne ➡ *bonnes*

■ Il y a plusieurs exceptions à la règle.

beau ➡ *beaux*
spécial ➡ *spéciaux*
heureux ➡ *heureux*

Un conseil : consulte le Lexique ou un dictionnaire pour vérifier l'accord des adjectifs.

D Les variations d'intensité de l'adjectif

■ Pour **ajouter un degré** de qualité, on place un **adverbe** devant l'adjectif.
*un événement très **important***
*des activités bien **organisées***
*une programmation assez **variée***
*une fête vraiment **intéressante***

■ Pour exprimer un degré **supérieur** de qualité, on emploie le **superlatif**.

*la plus **grande** fête*
*le plus **vieux** festival*
*les plus **beaux** costumes*

La présentation de Marika

Tu as « participé » au Festival acadien de Caraquet.

- Est-ce que tu peux raconter ton expérience ?

Voici un exemple de présentation. Marika va raconter sa visite.

- Quelles stratégies va-t-elle employer dans sa présentation ?
  - Elle va d'abord se présenter.
  - Elle va présenter son sujet.
  - Elle va décrire les activités du Festival.
  - Elle va donner ses impressions personnelles.
  - Elle va parler clairement.
  - Elle va utiliser des aides visuelles (objets, photos).
  - Elle va utiliser des aides sonores (effets sonores, musique).
- Écoute la présentation de Marika. Vérifie ses stratégies.

Au travail !

C'est à ton tour de raconter ta visite au Festival acadien.

Pour te préparer, va dans ton Cahier à la page 24.

La fête du Mardi gras est terminée.

Un élève a pris des photos pour l'annuaire de l'école.

▪ Qui a organisé la fête ?

▪ Qu'est-ce qui est arrivé ?

Choisis une légende pour chaque photo.

LAISSEZ

A

Antoine a décoré la salle et il a installé les lumières.

B

Élise est une artiste. Elle a dessiné une grande bannière pour annoncer la fête.

C

Tout le monde a mangé des biscuits et des pralines. Monsieur Rémy n'a pas goûté au délicieux gâteau des Rois.

D

Catherine et Rafik ont préparé la nourriture. Ils ont décoré les biscuits aux couleurs du Mardi gras.

E

Nous avons lancé des doublons aux invités. J'ai pris de très belles photos pour l'annuaire de l'école.

F

On a organisé des jeux et des concours. Rafik a fabriqué le plus beau masque.

1

Laissez le bon temps rouler

2

3

ps rouler

LE BON TEMPS ROULER!

Une amie de Catherine a assisté à la fête. Écoute ses impressions.

- Pendant que tu écoutes, regarde les photos. Note l'ordre des activités.

- Pense à la tâche finale. Comment vas-tu raconter ton expérience de la fête ?

Une description de la fête

Prépare deux pages pour l'annuaire de l'école.

- Fais d'abord un brouillon (consulte l'activité B de la page 24 du Cahier) :
  - fais la liste des activités de la fête ;
  - écris une ou deux phrases pour chaque activité ;
  - parle des tâches de certains élèves ;
  - mentionne un événement amusant ou spécial ;
  - trouve des photos (ou crée des illustrations) pour accompagner ton texte.

- Corrige ton texte :
  - mets les verbes au passé composé (consulte l'Étude de la langue) ;
  - ajoute des impressions personnelles : emploie des adjectifs et des superlatifs (consulte l'Étude de la langue) ;
  - vérifie l'orthographe de ton texte (consulte le Lexique) ;
  - donne un titre à ton texte ;
  - échange ton texte avec celui d'un ou d'une autre élève ;
  - fais des suggestions à l'autre élève.

- Prépare la version finale de ta description.

- Affiche ton travail. Apprécie le travail des autres élèves.

Un compte rendu de la fête

Prépare-toi à faire une présentation orale devant la classe.

- Adapte la description que tu as faite à la page précédente :
  - ajoute une présentation de toi-même ;
  - présente la fête et le nom de la fête ;
  - pour terminer ta présentation, raconte ce que tu vas faire la prochaine fois (consulte l'Étude de la langue) ;
- Revois les stratégies de Marika à la Leçon 14.
- N'oublie pas de montrer des objets ou des souvenirs de la fête.
- Un peu de musique ?
- Vas-tu interpréter ta chanson rap ?

Sous un soleil imaginaire

Comment créer une **histoire**

Des **contes** du monde

Des contes pour tous !

La lampe d'Aladin

Un conte du Moyen-Orient

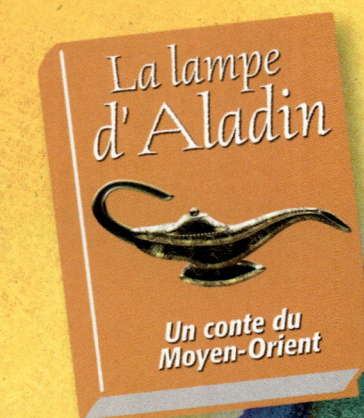

Un conte haïtien

HANSEL ET GRETEL

Un conte allemand
Les frères Grimm

NEL

Cendrillon

Un conte français
Charles Perrault

Un conte russe

Un raconteur africain

Dans cette unité...

Communication orale

Tu vas…
- parler des contes que tu connais ;
- écouter des contes ;
- écouter des dialogues ;
- créer des dialogues ;
- décrire les personnages, les lieux et l'action de différentes histoires ;
- narrer des contes.

Lecture

Tu vas…
- lire des contes.

Écriture

Tu vas…
- décrire des personnages de contes ;
- décrire les lieux de l'action d'une histoire ;
- décrire les principaux éléments de l'action d'une histoire.

La tâche finale :
- inventer un conte et le raconter à la classe.

- Quel est l'origine du conte *Le petit singe et les pistaches* ?

- Où se situe le pays d'origine de ce conte ? (Regarde la carte ci-dessous.)

- Peux-tu imaginer à quoi ressemble ce pays ? (Climat, flore, faune, etc.)

UN CONTE HAÏTIEN

Leçon 2

Le petit singe et les pistaches

Bonjour ! Je suis un singe. J'habite à Haïti, dans la forêt. J'ai une vie très agréable. Je passe mon temps à chercher de bonnes choses à manger. J'adore surtout les fruits comme les bananes. Il y a beaucoup de bananes ici où j'habite. Mais, de temps en temps, je veux un peu de variété dans mon régime. Les fruits de la forêt ne sont pas suffisants. Ces jours-là, je visite un des villages où habitent les humains.

Cuba

OCÉAN ATLANTIQUE

Haïti

Porto Rico

République dominicaine

Jamaïque

MER DES CARAÏBES

Antigua

Guadeloupe

Martinique

NEL

Des contes du monde entier

Sais-tu que l'on dit que :

- *Cendrillon* est un conte français ?

- *Hansel et Gretel* est un conte allemand ?

- *Jacques et le haricot magique* est un conte britannique ?

- *La lampe d'Aladin* est un conte du Moyen-Orient ?

En fait, leur origine est incertaine. Ce sont des auteurs de différents pays qui ont adapté et popularisé ces contes à l'écrit.

Un beau jour, je suis allé au village chercher quelque chose de différent à manger. J'ai trouvé une petite maison au bord de la forêt. J'ai capté un arôme incroyable venant de la petite maison. Je suis allé tout près de la maison. J'ai regardé par la fenêtre et j'ai vu une femme dans sa cuisine.

La femme est venue à la fenêtre ouverte. Elle a mis une assiette sur le rebord de la fenêtre. Oh là là ! Quel arôme ! Je suis presque tombé par terre quand j'ai respiré cette odeur fantastique. J'ai regardé l'assiette. Des pistaches ! Des pistaches grillées ! La femme a mis des pistaches grillées sur le rebord de la fenêtre... pour moi ! Quel cadeau fabuleux ! Quelle femme généreuse !

J'ai vu la dame sortir de sa maison avec son filet à provisions. Ah ! j'ai pensé, elle va au marché pour acheter des provisions. Comme le petit singe patient et ingénieux que je suis, j'ai attendu. La femme a fermé la porte de sa maison. J'ai entendu des voisins dire « Bonjour, madame Roney » à la femme. Moi, j'ai dit : « Merci, madame Roney. »

106

Très vite je suis descendu

de l'arbre et j'ai pris ma place sur le rebord de la fenêtre, à côté de l'assiette. J'ai pris une pistache. J'ai respiré son arôme. Puis j'ai mis la pistache dans ma bouche. Quel délice ! J'ai vite mangé une deuxième pistache, puis une troisième, puis... Horreur ! J'ai vu madame Roney revenir vers sa maison, du pain dans son filet à provisions ! J'ai pris toutes les pistaches et je suis parti pour la forêt.

Le lendemain, je suis retourné

à la petite maison de madame Roney. Encore une fois, j'ai vu madame Roney partir pour le marché. Cette fois, j'ai rempli ma bouche et mes mains de pistaches grillées. (Aïe ! C'est chaud !) et je suis parti vers la forêt pour manger ma collation.

Madame Roney a regardé l'assiette vide. « Où sont mes pistaches ? a-t-elle demandé. J'ai laissé des pistaches grillées sur le rebord de la fenêtre ! Un voleur est entré dans ma maison pendant mon absence ! Un voleur a volé mes pistaches grillées ! Mais moi, je suis ingénieuse ! Je vais attraper ce voleur ! »

Très tôt le lendemain matin,

madame Roney a grillé des pistaches. Quel merveilleux arôme ! Elle a mis les pistaches dans une calebasse multicolore. Elle a placé la calebasse sur le rebord de la fenêtre. Puis, elle a rempli une grosse gourde d'eau froide et elle a mis la gourde sur le toit de sa maison. Finalement, elle a attaché un fil à la calebasse et à la gourde. « Comme ça, a dit madame Roney, le voleur va mettre la main dans la calebasse pour voler mes pistaches grillées. Sa main va tirer sur le fil. La gourde va être renversée et l'eau froide va tomber sur le voleur ! »

Vers dix heures du matin, je suis

retourné à la maison de madame Roney. Quelle surprise ! Il y a une calebasse multicolore sur le rebord de la fenêtre. La calebasse est pleine de pistaches grillées ! Il y a assez de pistaches pour une semaine entière !

J'ai mis une main dans la calebasse. J'ai entendu un bruit et puis... Oh non ! Je suis tombé dans un piège ! Madame Roney a tendu un piège pour m'attraper ! Aïe ! Je suis tout mouillé ! J'ai laissé tomber les pistaches, et je suis parti à toute vitesse vers la forêt.

Je ne suis jamais retourné chez madame Roney.

C'est toute une histoire !

Les éléments importants d'une histoire

Le thème
l'idée principale

Les personnages
Qui ?

Les lieux et le temps
Où ? Quand ?

L'intrigue / L'action
Quoi ?

Suite des événements :
Il a volé des pistaches deux fois à une dame. Puis, la dame a tendu un piège.

Présentation de l'intrigue :
Un singe est allé au village des humains. Il a trouvé des pistaches.

Dénouement :
Le singe est tombé dans le piège. Puis, il est retourné dans la forêt.

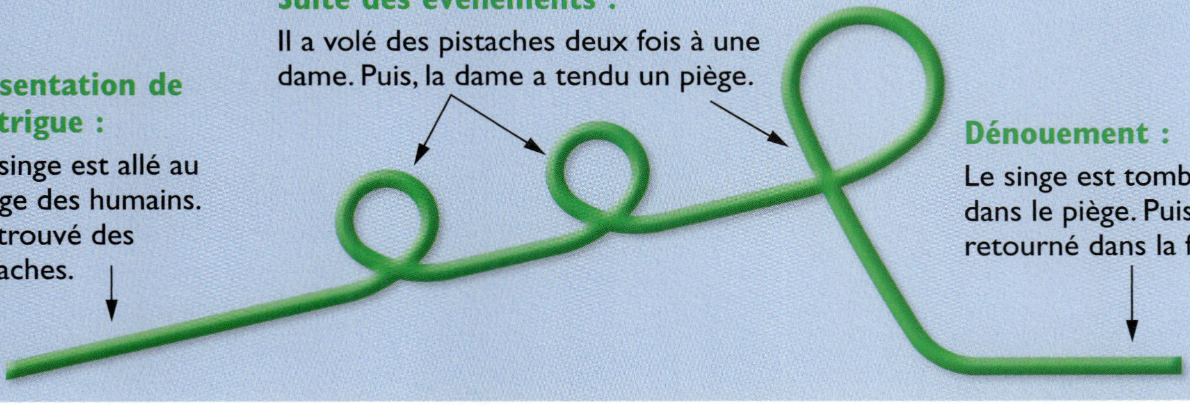

A Dans le conte *Le petit singe et les pistaches*, identifie les éléments importants de l'histoire.

B Invente une autre suite d'événements pour le conte.

C Invente un autre dénouement.

Étude de la langue

Les adjectifs qualificatifs

Vois-tu la différence ?

> Une reine a dit à sa fille : « Mange cette pomme ! »

> Une **vieille** reine **laide** et **méchante** a dit à sa très **belle** fille : « Mange cette pomme ! »

Qu'est-ce qui fait la différence ? **Les adjectifs qualificatifs**, bien sûr !

■ Pour décrire les personnages d'un conte ou d'une histoire, les adjectifs sont indispensables. Voici des adjectifs utiles que l'on place normalement :

Devant le nom	Après le nom	
	Qualités	Défauts
*Voici l'histoire d'un **petit** singe.*	*Quelle femme **généreuse** !*	*C'est un singe **gourmand**.*
grand, grande mauvais, mauvaise petit, petite bon, bonne gros, grosse beau (bel), belle nouveau (nouvel), nouvelle vieux (vieil), vieille jeune long, longue	fort, forte intelligent, intelligente rusé, rusée gentil, gentille ambitieux, ambitieuse aventureux, aventureuse courageux, courageuse généreux, généreuse ingénieux, ingénieuse travailleur, travailleuse agile honnête rapide	gourmand, gourmande imprudent, imprudente lent, lente méchant, méchante têtu, têtue cruel, cruelle paresseux, paresseuse peureux, peureuse vaniteux, vaniteuse faible hostile jaloux, jalouse malhonnête

■ On dit souvent : **Agile comme un singe**. Que peut-on dire au sujet des animaux sur cette page, selon toi ?

un renard

un lion

une tortue

un castor

Au travail!

■ Penser aux qualités et aux défauts des animaux peut t'aider à trouver une idée pour ton conte. Les contes ont souvent des animaux comme personnages.

■ Commence à décrire les personnages de ton conte. Pour t'aider, utilise la page 10 de ton Cahier. Utilise des adjectifs.

Leçon 5
Vous dites ?

En route !

- Quelles différences est-ce qu'il y a entre une histoire à la télévision et une histoire écrite ?

- Comment peut-on faire parler des personnages dans une histoire écrite ?

- Écoute les dialogues et indique qui parle à la page 11 de ton Cahier.

Dans l'histoire *Le petit singe et les pistaches*, imagine que la dame a attrapé le petit singe en train de voler les pistaches. Qu'est-ce qu'ils ont dit ?

Exemple :

Madame Roney : Pourquoi voles-tu mes pistaches ?

Le petit singe : J'ai faim. J'aime les pistaches.

Madame Roney : Oui, mais ce sont **mes** pistaches.

Le petit singe : Je sais, mais vous avez beaucoup de pistaches. Pourquoi est-ce que vous ne voulez pas les partager ?

Imagine la conversation entre la jeune fille et le chat.

Imagine la conversation entre la mère et la fille.

Imagine la conversation entre la jeune fille et le garçon.

En temps et

En route !

- D'après les illustrations, de quels éléments d'une histoire allons-nous parler ?

- Décris où tu te trouves en ce moment.

- Écoute l'enregistrement et identifie où se trouvent les personnages à la page 12 de ton Cahier.

Nous sommes dans la forêt d'une île tropicale. Dans un arbre, assis sur une branche, il y a un singe qui mange une banane. Tout autour, il y a des palmiers et des oiseaux multicolores. Il fait très beau et il fait soleil. Il fait chaud.

112

lieu...

A Ces illustrations peuvent être le site d'histoires intéressantes. Choisis une illustration et décris-la à ton ou à ta partenaire.

B Écris une description d'une autre illustration dans ton Cahier à la page 12.

Au travail!

Commence à décrire où va se passer ton conte. Pour t'aider, utilise la page 12 de ton Cahier.

LES TRICHEURS

En route !

- À quoi le mot « Afrique » te fait-il penser ?

- À quoi le mot « crocodile » te fait-il penser ?

Un griot est un raconteur africain.

Le griot raconte ce qui est arrivé un bon jour dans un village africain qui fait partie d'un pays qu'on appelle aujourd'hui Burkina Faso.

Kofi, un des villageois, a une réputation de menteur. Un beau matin, Kofi est descendu à la rivière. Arrivé là, il a mis une cage à crocodile. Il a trouvé un endroit confortable sous un arbre et il y a dormi pendant toute la matinée.

Vers midi, Kofi a ouvert les yeux. Il a regardé la cage et y a trouvé un gros crocodile. Hum... a dit Kofi, j'ai une idée brillante ! Grâce à ce crocodile je vais être riche !

Kofi a caché le crocodile dans la cage sous de grosses feuilles de palmier, puis il est parti pour le village.

Au village, Kofi est allé chercher le chef, un homme honnête et intelligent. Kofi a proposé au chef une chasse aux crocodiles qui va donner une récompense au gagnant.

Mauritanie

Mali

Gambie

Sénégal

Burkina Faso

Guinée Bissau

Guinée

Sierra Leone

Côte-d'Ivoire

Ghana

Libéria

OCÉAN ATLANTIQUE

– Une récompense ? a demandé le chef. Quelle sorte de récompense ?

– De l'argent, a répondu Kofi. Tu vas donner beaucoup d'argent à la première personne qui t'apporte un crocodile.

– Et pourquoi est-ce que je vais faire ça ? a demandé le chef. Il veut découvrir les vrais motifs de ce menteur de Kofi.

Kofi a expliqué au chef : « Tu vas aller dans la grande ville et tu vas vendre le crocodile pour beaucoup d'argent. Un joli profit pour toi, et une bonne récompense pour moi... euh, pour la personne qui attrape le crocodile. »

Le chef a consulté son épouse, une femme très intelligente. Elle a répondu :

– Kofi est un grand menteur. Il a souvent menti dans le passé. Mais je trouve cette idée géniale. Les hommes du village vont prendre tous les risques, et toi, tu vas faire un beau profit.

Le chef a donc annoncé la chasse aux crocodiles et la récompense à tout le village.

Kofi est rentré chez lui. Son épouse, Yénenga, lui a servi son dîner. Yénenga a demandé à Kofi :

– Pourquoi est-ce que tous les hommes partent vers la rivière ?

Kofi a expliqué la chasse aux crocodiles à son épouse.

– Je ne comprends pas, a dit Yénenga. Nous aussi avons besoin d'argent, mais tu ne vas pas à la rivière avec les autres.

– Tu vas voir, a répondu Kofi. Ce soir, nous allons être riches, ma femme.

Kofi a fini son dîner, il a fermé les yeux et il a dormi une bonne heure et demie.

DEUXIÈME PARTIE

LES TRICHEURS

Un homme est arrivé à la rivière. Il s'appelle Kiwu et il est pauvre. Mais aujourd'hui Kiwu a eu de la chance. Il a attrapé beaucoup de poissons pour sa famille. Kiwu a entendu les hommes du village parler de la chasse aux crocodiles. Il a décidé de trouver un endroit confortable pour observer ces hommes courageux.

Et où est-ce que Kiwu a trouvé cet endroit confortable ? Là où Kofi a caché le crocodile sous les feuilles.

– Oh ! Oh ! a dit Kiwu, quelle chance ! J'ai trouvé un crocodile !

Kiwu sait que les crocodiles ont de grosses dents pointues et qu'ils mangent les humains. Pour cette raison, Kiwu a servi tous ses poissons comme dîner au crocodile. Un crocodile qui mange beaucoup de poissons veut dormir après. Kiwu a chanté une

chanson tendre au crocodile, une chanson magique. Le crocodile a fermé les yeux. Puis, Kiwu est allé à la rivière chercher de la boue. Il a pris de la boue et il a sali ses vêtements.

Juste à ce moment, Kofi est arrivé, vêtu de ses plus beaux vêtements.

– Kiwu, a dit Kofi, veux-tu gagner un tout petit peu d'argent ? Tu peux porter mon crocodile au village, car je ne veux pas salir mes beaux vêtements.

Quand les deux hommes sont arrivés au village, Kofi a demandé à Kiwu de lui donner le crocodile endormi. Kiwu a refusé. Il a commencé à crier très fort. Le chef est arrivé avec les hommes du village.

– J'ai attrapé ce crocodile et Kofi veut ma récompense ! a dit Kiwu.

– Non, non ! C'est mon crocodile ! C'est *ma* récompense ! a dit Kofi.

Le chef a regardé Kofi. Décidément, on ne porte pas ses plus beaux vêtements pour chasser les crocodiles. Puis, le chef a regardé Kiwu et ses vêtements couverts de boue.

– Kofi, a dit le chef, parce que tu as menti très souvent dans le passé, je pense que tu mens aujourd'hui en disant que ce crocodile est à toi. C'est Kiwu qui va recevoir la récompense.

Et Kofi est rentré chez lui sans crocodile et sans argent.

Oh, Kofi! Un tricheur va toujours trouver un meilleur tricheur que lui !

Étude de la langue

Le passé composé avec *avoir*

J'**ai trouvé** un crocodile !
Kofi, tu **as menti** très souvent dans le passé.
Kiwu **a entendu** les hommes du village parler.

	auxiliaire *avoir*	+	participe passé	
	▼		▼	
j'	**ai**		trouv**é**	} verbes en –*er* (comme trouv**er** et regard**er**)
tu	**as**		regard**é**	
elle, il, on	**a**		fin**i**	} verbes en –*ir* (comme fin**ir** et ment**ir**)
nous	**avons**		ment**i**	
vous	**avez**		attend**u**	} verbes en –*re* (comme attend**re** et entend**re**)
elles, ils	**ont**		entend**u**	

■ Attention : les verbes suivants ne suivent pas la règle pour la formation du participe passé.

Mais aujourd'hui Kiwu **a eu** de la chance.
Oh ! Oh ! **a dit** Kiwu, quelle chance !

Arrivé là, il **a mis** une cage à crocodile.
Il **a pris** de la boue et il a sali ses vêtements.

verbe		participe passé	
▼		▼	
avoir	→	eu	j'ai **eu**
être	→	été	tu as **été**
faire	→	fait	elle a **fait**
croire	→	cru	il a **cru**
voir	→	vu	on a **vu**

verbe		participe passé	
▼		▼	
mettre	→	mis	nous avons **mis**
prendre	→	pris	vous avez **pris**
dire	→	dit	elles ont **dit**
ouvrir	→	ouvert	ils ont **ouvert**

Le passé composé avec *être*

Kofi **est allé** à la rivière.   Kofi **est rentré** chez lui.

■ Certains verbes prennent l'auxiliaire *être* au lieu de l'auxiliaire *avoir*.

■ Les plus fréquents de ces verbes sont : *aller, venir, sortir, arriver, partir, (r)entrer, monter, descendre, tomber.*

	auxiliaire *être*	+	participe passé
	▼		▼
je	**suis**		allé (e)
tu	**es**		sorti (e)
elle, il, on	**est**		parti (e)
nous	**sommes**		arrivé(e)s
vous	**êtes**		monté(e)(s)
elles, ils	**sont**		venu(e)s

■ Attention : le participe passé s'accorde avec le sujet du verbe.

Madame Roney est <u>allée</u> à la rivière.   Madame Roney est <u>rentrée</u> chez elle.

La forme négative du passé composé

■ On met l'auxiliaire entre *ne* et *pas*.

Kofi et Kiwu **n'**ont **pas** dit la vérité.
Ils **ne** sont **pas** allés à la chasse.

LES TRICHEURS EN IMAGES

Voici huit scènes tirées du conte *Les tricheurs*. À deux, racontez l'histoire oralement, en ajoutant beaucoup de détails. Vous devez aussi utiliser le passé composé.

Exemple : Un jour, Kofi est allé à la rivière. Au bord de la rivière, il a mis une cage. Un crocodile curieux est entré dans la cage. Kofi a eu une idée brillante.

Au travail !

Décris les principaux événements de l'intrigue de ton conte, comme tu l'as fait ici pour *Les tricheurs*. Pour t'aider, utilise la page 24 de ton Cahier.

- Est-ce que tu connais des personnes qui aiment raconter des histoires ?

- Que font-elles pour rendre leurs histoires intéressantes ?

LES GRIOTS

Dans beaucoup de pays, on transmet les histoires oralement de génération en génération. En Afrique occidentale, **la tradition orale** est assurée par des poètes musiciens populaires qui s'appellent des *griots*.

Depuis mille ans, il y a des gens en Afrique occidentale qui travaillent comme **griots**. Ce sont les gardiens de l'histoire, de la culture et des traditions de ces pays. Les griots chantent des chansons et racontent des histoires.

NEL

Raconte-moi
une histoire !

Pour être un bon conteur ou une bonne conteuse, il faut :

- parler fort et clairement ;
- avoir beaucoup d'expression dans la voix ;
- faire des pauses à des moments appropriés ;
- changer sa voix quand on rapporte les paroles d'un personnage de l'histoire ;
- faire des bruits ou des sons avec sa voix ou avec des objets simples au bon moment ;
- regarder souvent son auditoire ;
- faire participer l'auditoire au bon moment ;
- utiliser des gestes ;
- utiliser des aides visuelles ;
- faire parler ses yeux.

Quand le griot chante, il joue aussi d'un instrument qui s'appelle **la *kora***. Cet instrument a 21 cordes et ressemble un peu à la guitare.

Il y a aussi des griottes, **des femmes** qui chantent des chansons d'amour et aussi des chansons qui parlent des problèmes de la société.

A En petits groupes, exercez-vous à lire une partie du conte *Les tricheurs*. Utilisez les stratégies présentées sur cette page. Aidez les membres de votre groupe au besoin.

Étude de la langue

Les mots-liens

◗ Pour rendre une histoire plus cohérente et plus facile à suivre, les mots-liens sont bien utiles.

On utilise	**et**	pour présenter une autre chose qui arrive.
On utilise	**puis**	pour présenter ce qui arrive après.
On utilise	**mais**	pour présenter une objection, une idée opposée.
On utilise	**car** et **parce que**	pour présenter une raison.

◗ Compare les phrases suivantes :

1. Kofi a regardé la cage. Il a trouvé un gros crocodile.
   Kofi a regardé la cage et il a trouvé un gros crocodile.

2. Kofi a caché le crocodile. Il est parti pour le village.
   Kofi a caché le crocodile, puis il est parti pour le village.

3. Nous aussi avons besoin d'argent. Tu ne vas pas à la rivière avec les autres.
   Nous aussi avons besoin d'argent, mais tu ne vas pas à la rivière avec les autres.

4. Tu peux porter mon crocodile au village. Je ne veux pas salir mes beaux vêtements.
   Tu peux porter mon crocodile au village, car je ne veux pas salir mes beaux vêtements.

5. Kofi, tu as menti très souvent dans le passé. Je pense que tu mens aujourd'hui.
   Kofi, parce que tu as menti très souvent dans le passé, je pense que tu mens aujourd'hui.

◗ On peut aussi utiliser des mots-liens pour situer les parties de l'histoire dans le temps. Par exemple :

un jour	**un autre jour**
le jour suivant	**vers midi**
à ce moment-là / juste à ce moment	**plus tard**
quatre jours plus tard	**une semaine plus tard**

Ⓐ Lis la description des principaux événements du conte d'André. Trouve les mots-liens utilisés.

Les principaux événements de mon intrigue

– Il n'y a plus rien à manger dans le village.

Un jour, on
– ~~On~~ a organisé une chasse.

– Tout le monde a participé~~.~~ *,mais*

– Kwane n'a pas participé. ~~Il~~ est paresseux. *parce qu'il*

André écrit son conte

Un mauvais dîner

Il n'y a plus rien à manger dans le village.

Un jour, on a organisé une chasse. Tout le monde a participé, mais Kwane n'a pas participé parce qu'il est paresseux.

À la fin de la journée, une des familles est retournée au village avec une antilope. On a partagé la nourriture avec toutes les autres familles, mais on n'a pas partagé la nourriture avec la famille de Kwane.

Kwane a décidé alors de voler les autres. Il a déguisé sa femme en pauvre et il lui a dit d'aller demander de la viande au voisin. Le voisin a donné de la viande à la femme parce qu'il est généreux. Kwane a déguisé sa femme d'une autre manière, puis elle est retournée chez le voisin. Elle a encore eu de la viande.

Plus tard, le voisin a compris la tricherie et il a décidé de tromper Kwane à son tour. La fois suivante, il a donné de la viande à son fils et son fils a fait semblant de mourir. Kwane a redonné toute la viande aux personnes du village et tout le village a eu beaucoup de viande à manger, sauf Kwane.

Au travail !

Reprends la description des événements de l'intrigue de ton conte et ajoute des mots-liens pour rendre ton conte plus intéressant.

André présente son conte

Écoute André faire sa présentation. Fais les activités à la page 26 de ton Cahier.

En route !

- Qu'est-ce qu'André utilise comme aide visuelle ?
- Où se passe son conte ?
- Quels sont les personnages de son conte ?
- Peux-tu prédire l'intrigue ?

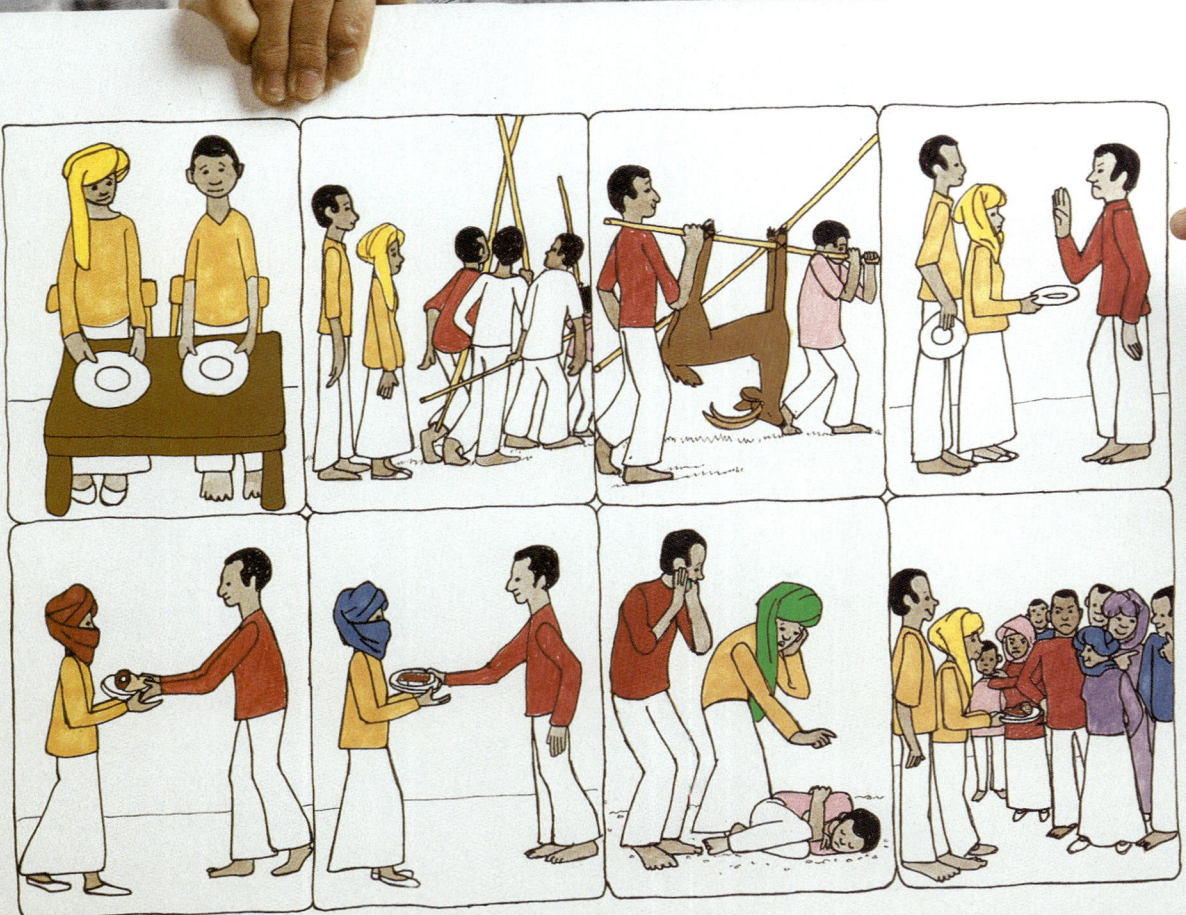

NEL

Moi, conteur / conteuse

Tu sais maintenant comment décrire les personnages d'une histoire, décrire les lieux et le temps, et parler des événements de l'intrigue. Tu es prêt(e) à mettre le tout ensemble pour ta présentation orale.

Avant ta présentation orale :

- Reprends le brouillon de ton conte.
- As-tu utilisé des adjectifs, le passé composé et des mots-liens ?
- Lis ton brouillon à quelques camarades de classe pour avoir leurs réactions.
- Révise ton brouillon.

Pour ta présentation orale :

- C'est toi maintenant le conteur ou la conteuse ! Tu vas raconter ton histoire à la classe.
- Exerce-toi à bien narrer ton conte. Utilise les stratégies de la page 121.
- Planifie ta présentation. Est-ce que tu vas utiliser des aides visuelles ? Des bruits ? De la musique ? Des costumes ? Des comédiens pour jouer certains rôles ? (N'oublie pas que tu peux demander à tes camarades de classe de t'aider : ils peuvent faire des bruits ou jouer le rôle de certains personnages dans ton conte.)

La tâche finale

Le tour du monde francophone

Tu vas apprendre à jouer au **mancala.**

Un concours qui te permet de visiter **Le Monde!**

Fais attention au **VOLCAN!**

Tu vas apprendre des choses intéressantes au sujet de plusieurs régions francophones dans le monde.

Communication orale

Tu vas…
- parler des régions francophones dans le monde ;
- créer des dialogues ;
- présenter une annonce radiophonique ;
- écouter des conversations.

Lecture

Tu vas…
- lire des affiches, des dialogues, un courriel et une lettre ;
- lire et résoudre des énigmes.

Écriture

Tu vas…
- écrire une carte postale ;
- écrire un quiz sur les régions francophones.

La tâche finale :

- planifier et décrire oralement une semaine de vacances dans une région du monde où on parle français. Tu vas aussi écrire un paragraphe sur les informations que tu possèdes à la fin de tes vacances.

LE MONDE

Regarde la carte du monde. Qu'est-ce que les pays en orange ont en commun?

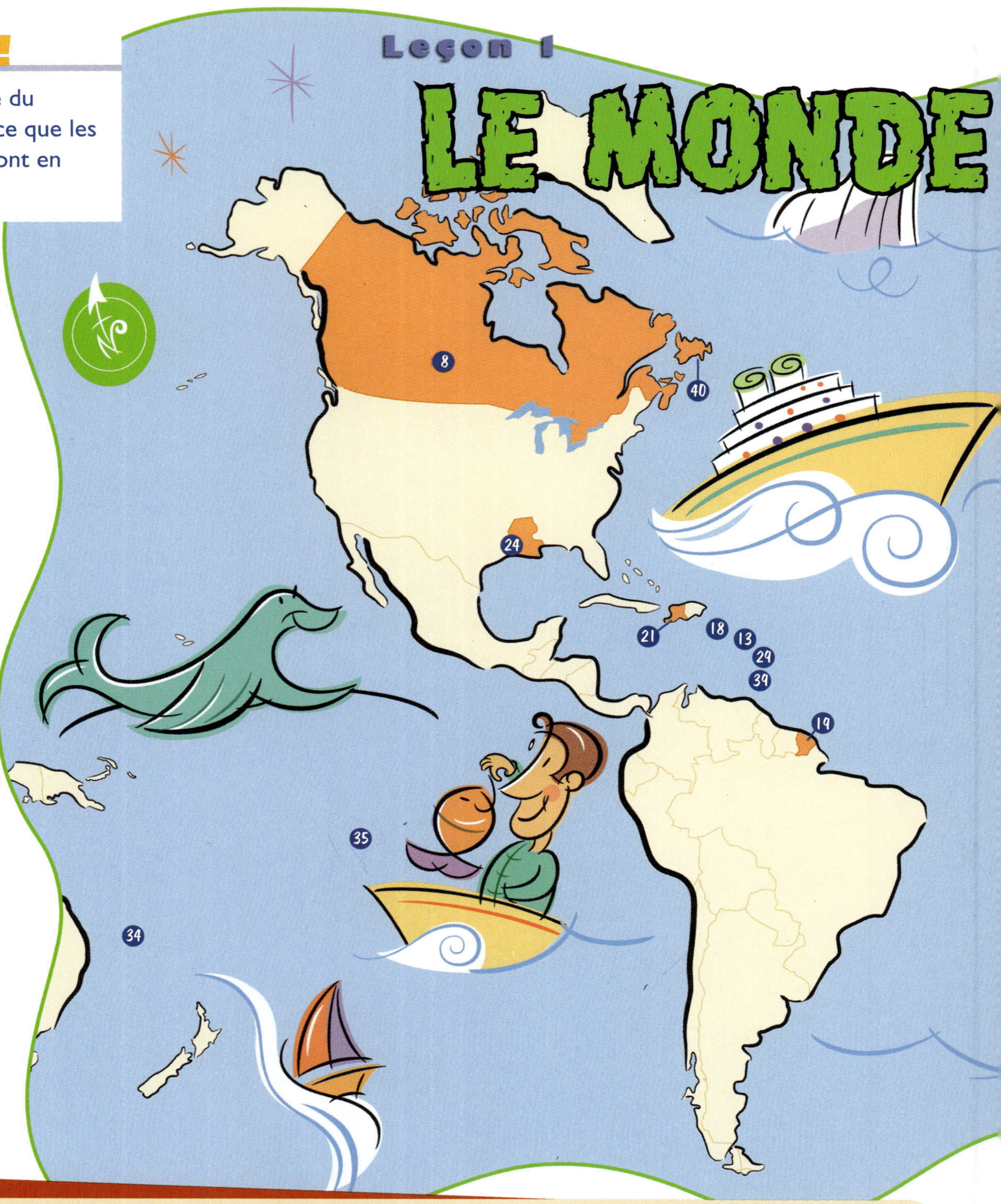

1. l'Algérie *(f.)*
2. la Belgique
3. le Bénin
4. le Burkina Faso
5. le Burundi
6. le Cambodge
7. le Cameroun
8. le Canada
9. la République centrafricaine
10. les Comores
11. le Congo
12. la Côte-d'Ivoire
13. la Dominique
14. le Djibouti
15. l'Égypte *(f.)*
16. la France
17. le Gabon
18. la Guadeloupe
19. la Guyane
20. la Guinée
21. (la République d') Haïti *(f.)*
22. le Laos
23. le Liban
24. la Louisiane
25. le Luxembourg
26. Madagascar *(m.)*

FRANCOPHONE

27. le Mali	**36.** le Congo	**44.** le Tchad
28. le Maroc	**37.** la Réunion	**45.** le Togo
29. la Martinique	**38.** le Rwanda	**46.** la Tunisie
30. l'île Maurice	**39.** Sainte-Lucie *(f.)*	**47.** le Viêtnam
31. la Mauritanie	**40.** Saint-Pierre-	
32. Monaco *(f.)*	et-Miquelon *(f.)*	
33. le Niger	**41.** le Sénégal	
34. la Nouvelle-Calédonie	**42.** les Seychelles	
35. la Polynésie française	**43.** la Suisse	

En groupes, nommez des pays où au moins une partie de la population parle français.

Dans un café

En route !

- As-tu déjà participé à un concours?
- Quelle sorte de concours?
- As-tu déjà gagné un prix?

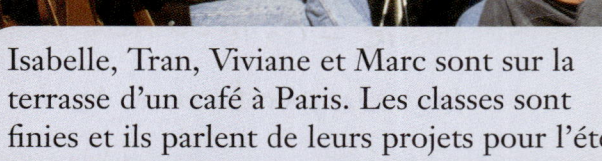

Isabelle, Tran, Viviane et Marc sont sur la terrasse d'un café à Paris. Les classes sont finies et ils parlent de leurs projets pour l'été.

Isabelle : Qu'est-ce que tout le monde fait cet été?

Marc : Moi, je travaille. J'ai trouvé un emploi dans un restaurant.

Tran : Quelle chance! Je dois rester à Paris. Je cherche du travail.

Isabelle : Moi aussi. C'est parfait! Regarde cette affiche.

Tran : *FrancoDéfi*. C'est un jeu?

Isabelle : Non, c'est un concours. Et le grand prix est formidable : deux semaines de vacances dans une région francophone!

Viviane : Qu'est-ce qu'on doit faire?

Tran : Un moment, je lis… Ah… on doit résoudre des énigmes, puis essayer de trouver des objets.

Marc : Où?

Isabelle : Dans trois régions européennes où on parle français.

Viviane : Alors, la Suisse, la Belgique… Monaco…

Marc : N'oublie pas la France!

Isabelle : Les énigmes sont divisées en trois catégories. Chaque catégorie a trois énigmes. On doit trouver seulement un objet par catégorie.

Tran : Mais on peut essayer de trouver deux ou même trois objets pour des points supplémentaires.

Viviane : Et deux personnes travaillent ensemble?

Isabelle : Non! Les deux sont en compétition. On accorde des points et la personne qui a le plus de points gagne. Alors, Tran qu'est-ce que tu en penses? Veux-tu participer au concours?

Tran : Je vais y penser sérieusement, puis je vais te téléphoner ce soir.

LE FRANCODÉFI

Participez à un nouveau jeu et visitez le monde entier!

But :

* Vous allez lire une série d'énigmes divisée en catégories. Vous devez trouver au moins une chose décrite dans chaque catégorie de la liste pendant votre visite dans trois régions européennes où on parle français.

* Si vous voulez, vous pouvez essayer de trouver tous les objets décrits dans les énigmes pour des points supplémentaires. Chaque objet représente un certain nombre de points.

* Vous êtes en compétition avec une autre personne. La première personne à retourner à Paris avec les objets nécessaires et le plus grand nombre de points gagne le prix.

Règles :

* Vous ne devez pas communiquer avec l'autre participant ou participante.

* Vous allez recevoir une description énigmatique de l'objet que vous cherchez.

* Vous devez résoudre l'énigme avant de partir pour votre destination.

* Vous devez voyager à pied, en train ou en autocar. Voyager en avion ou en voiture n'est pas acceptable.

Prix : Le gagnant ou la gagnante va recevoir comme prix un voyage de deux semaines à une destination de son choix dans le monde francophone.

Stratégies

Quand tu lis…

Regarde :

* le titre!
* les mots-amis!
* les lettres majuscules!
* les mots connus!
* la ponctuation!
* les illustrations et les photos!

Prédis les événements!

Vérifie dans le lexique ou dans un dictionnaire!

A À deux, discutez des idées principales du concours. Utilisez une feuille de papier pour prendre des notes. Partagez vos notes avec un autre groupe.

B Écoute la conversation téléphonique entre Isabelle et Tran et fais l'activité de compréhension à la page 5 de ton cahier.

Les premières énigmes

En route !

- Quelles sont les règles du concours *FrancoDéfi*?

- Quel est le prix?

> Ces énigmes ne sont pas faciles.

> Tran! Nous ne devons pas communiquer!

1a

Voici la première liste des objets et les règles du concours.

On doit choisir un objet dans ce groupe, mais on peut choisir deux objets ou même tous les trois.

Lis les informations pour t'aider à découvrir les destinations.

Catégorie A : On mange bien!

Objet numéro un

Tu vas trouver le monument élevé à la mémoire d'une jeune femme au milieu d'un village. Rapporte un morceau du produit que cette femme a inventé.

Objet numéro deux

Tu vas chercher des grottes où un produit forme des veines bleues. Prends une photo de l'animal qui fournit le lait pour ce produit.

Objet numéro trois (On doit quitter la France!)

Un produit célèbre, vendu sous forme solide, peut être fondu dans la préparation de certains plats. Cherche les ustensiles qu'on utilise pour préparer et manger un plat délicieux fait de ce produit. Tu dois trouver ces ustensiles dans la région qui porte le même nom que le produit.

MER DU NORD

BELGIQUE

FRANCE

SUISSE

MONACO

MER MÉDITERRANÉE

OCÉAN ATLANTIQUE

OCÉAN ...NTIQUE

OCÉAN ATLANTIQUE

EUROPE

AFRIQUE

A Relis les trois énigmes à la page 132. À ton avis, quel est le produit mentionné dans ces énigmes?

B Quels pays vois-tu sur la carte? À ton avis, dans quel pays se trouvent les objets mentionnés dans les deux premières énigmes? Et le troisième objet?

C À deux, créez et présentez un dialogue. Une personne veut participer au concours du *FrancoDéfi*. L'autre personne joue le rôle de sa mère ou de son père. La première personne doit persuader sa mère ou son père de lui donner la permission de participer. Avant de préparer le dialogue, faites une liste de toutes les objections de l'adulte, puis de tous les arguments présentés par la jeune personne.

- Combien d'objets de la catégorie A est-ce que les participants **doivent** trouver?

- Comment peuvent-ils gagner des points supplémentaires?

- Écris tes réponses aux énigmes à la page 6 de ton cahier.

Les Français adorent le fromage. Ils ont un fromage différent pour chaque jour de l'année! Un dîner en France n'est pas complet sans un plateau de fromages avant le dessert.

Avec quel objet est-ce que je vais gagner?

LE CAMEMBERT

Un des fromages les plus populaires est le camembert qui a son origine dans le village de Camembert, en Normandie. La Normandie est reconnue pour la qualité de ses troupeaux de vaches et de ses produits laitiers. On y produit beaucoup de fromage et de beurre. C'est en 1791, pendant la révolution française, qu'une jeune fermière, Marie Harel, a mis au point le fromage crémeux qui s'appelle le camembert. La création de Marie connaît un grand succès. Aujourd'hui dans le village on peut voir des monuments au camembert et à Marie.

LE ROQUEFORT

Le camembert est un fromage fait de lait de vache. Dans le sud de la France, on utilise le lait de mouton pour faire un autre fromage célèbre, le roquefort. Les bons fromages doivent mûrir avant d'aller au marché. On mûrit le roquefort dans des grottes qui se trouvent dans la région. Là, le roquefort forme des veines bleues, qui donnent au fromage son goût particulier.

LE GRUYÈRE

Oui, la France produit beaucoup de fromages, mais n'oublions pas la Suisse! Pour beaucoup de gens, les mots fromage et suisse vont ensemble. Le fromage suisse le plus célèbre est le gruyère. C'est un fromage dur qui vient de la région de la Gruyère, en Suisse. Contrairement à l'image populaire qu'on se fait du gruyère, ce fromage n'a pas de trous!

La fondue est une façon populaire de préparer le gruyère. Le mot fondue vient du verbe fondre qui veut dire passer de l'état solide à l'état liquide. On chauffe le gruyère avec du vin blanc, puis on trempe des morceaux de pain dans le fromage liquide. Dans beaucoup de pays, on trouve à la maison un poêlon spécial pour la préparation de la fondue et de longues fourchettes pour les morceaux de pain.

Stratégies

Quand tu écoutes...

Fais attention :
- au ton de la voix!
- aux mots connus!
- aux mots-amis!

Pense à tes expériences personnelles!

A À la page 6 de ton cahier, indique le nom de l'objet que tu dois rapporter pour résoudre chaque énigme.

B Comment aimes-tu manger le fromage? As-tu déjà mangé un des fromages mentionnés sur ces pages?

C Écoute les conversations et fais les activités de compréhension à la page 7 de ton cahier.

Encore des énigmes

En route !

- Fais-tu du cyclisme? As-tu déjà participé à une course de cyclisme?

- Joues-tu au tennis? Aimes-tu regarder les tournois de tennis à la télé? Peux-tu nommer un tournoi international?

- Là où tu habites, y a-t-il un endroit où on joue aux boules?

- À ton avis, lequel de ces trois sports est le plus populaire chez les jeunes?

1b

Voici le deuxième groupe d'énigmes.

Catégorie B : Des sports français

Objet numéro un
Au début, on frappe la balle avec la main. Plus tard on utilise une raquette. Rapporte une photo d'un bâtiment qui a le même nom que le nom original de cette activité.

Objet numéro deux
C'est un vêtement que tu cherches. Il est jaune. Il représente le succès dans une activité célèbre.

Objet numéro trois
Tu arrives devant un café où il fait plein soleil. Tu cherches un petit objet rond. Attention! On va être très fâché quand tu prends cet objet!

A À ton avis, quel est le sujet de ces trois énigmes?

B Est-ce que les énigmes suggèrent qu'on doit quitter la France pour trouver les objets?

On est sportif!

Le Tour de France

Le cyclisme est une forme d'exercice très populaire. Dans plusieurs pays, le cyclisme est un mode de transport utilisé par beaucoup de gens. Il est souvent plus rapide que l'automobile dans les grandes villes et ne cause pas de pollution. Le cyclisme existe aussi comme sport de compétition. La course de cyclisme la plus célèbre est sans doute le Tour de France.

Tous les ans, au mois de juillet, les Français suivent cette course en personne ou à la télé. Le Tour de France est télévisé dans beaucoup de pays. Les concurrents viennent d'un grand nombre de pays différents.

Le Tour de France couvre 4 000 kilomètres et traverse des montagnes. Il est divisé en 20 étapes. Chaque étape représente la distance à couvrir en une journée. Le gagnant est le cycliste qui accumule le plus grand nombre de points dans les étapes.

Un prix spécial est le maillot jaune. (Un maillot est une sorte de t-shirt.) On donne le maillot jaune au cycliste qui a le meilleur temps dans une étape. Ce cycliste a le droit de porter le maillot jaune pendant qu'il continue à avoir le meilleur temps.

A Pour participer au Tour de France, de quel équipement a-t-on besoin?

B Qu'est-ce que c'est qu'une étape?

C Qu'est-ce qu'un participant ou une participante doit faire pour mériter le maillot jaune?

Le tennis

Le tennis est un sport français! Il tire son origine du «jeu de paume». On a commencé à jouer au jeu de paume en France au 12e siècle. Dans le jeu original, deux joueurs frappaient une balle en peau de mouton par-dessus un filet. Au début, on frappait la balle avec la paume de la main. Plus tard, on a utilisé des gants, puis des bâtons, et finalement des raquettes pour frapper la balle. Aux 16e et 17e siècles c'est le sport préféré des rois de France et des rois d'Angleterre.

Chaque année on tient un grand tournoi international en France, le Roland Garros, joué au Stade Roland Garros à Paris. Beaucoup de gens pensent que le stade et le tournoi sont nommés à la mémoire d'un célèbre joueur de tennis. En réalité, Roland Garros était un aviateur et héros de la Première Guerre mondiale.

Certains mots qu'on utilise en anglais viennent du français. Par exemple, le mot *tennis* a son origine dans le verbe français *tenez*. *Love*, qui en anglais représente un score de zéro, vient de *l'œuf*.

Au centre de Paris il y a un petit musée qui s'appelle *le Jeu de Paume*. Le musée est situé sur le terrain où les rois de France ont joué à ce jeu.

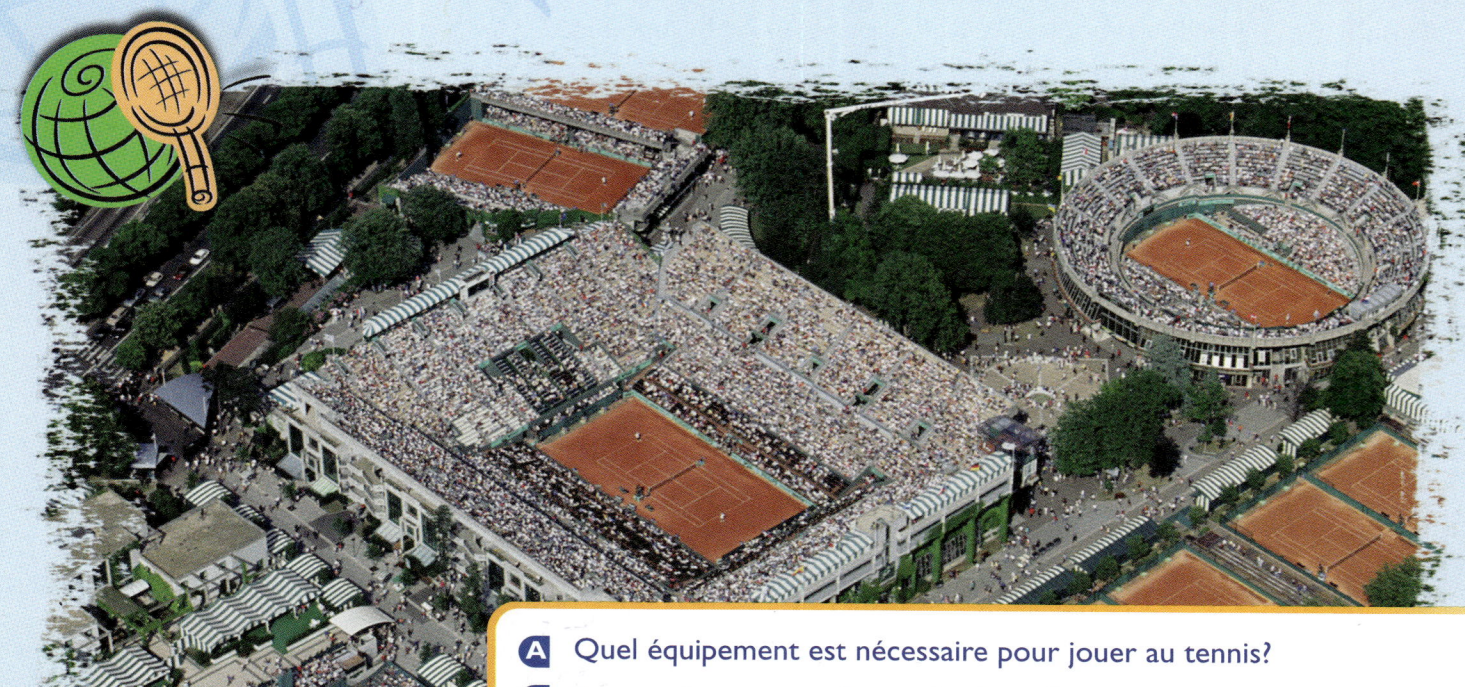

A Quel équipement est nécessaire pour jouer au tennis?

B Pourquoi est-ce que le musée s'appelle *le Jeu de Paume*?

La pétanque

Les jeux de boules existent depuis l'Antiquité, chez les Grecs et les Romains. Ils sont toujours populaires dans beaucoup de pays.

Dans le sud de la France, on peut voir les joueurs de boules dans tous les villages, souvent devant un petit café au milieu du village. Là, le jeu s'appelle la pétanque, jeu qu'on a inventé en 1910 en Provence, une région située au sud de la France. On joue à la pétanque en équipes de deux. Chaque joueur a deux boules de la taille d'une grosse orange. On commence par lancer une petite boule qu'on appelle le cochonnet. Puis les joueurs lancent leurs boules de façon à être le plus près possible du cochonnet. On essaie aussi de frapper les boules des autres joueurs pour les faire rouler loin du cochonnet! Selon la tradition dans le sud, l'équipe qui a perdu achète un verre pour les gagnants. Après tout, il fait chaud dans le sud de la France,

A Fais l'activité de compréhension à la page 8 de ton cahier.

B Regarde de nouveau les trois énigmes de la catégorie B à la page 136 de ton livre. Dans chaque cas, qu'est-ce qu'un participant ou une participante au *FrancoDéfi* doit rapporter?

C Regarde de nouveau l'énigme pour l'objet numéro trois. On dit qu'on va être très fâché quand tu prends l'objet. Pourquoi?

D À deux, préparez et présentez une conversation entre un ou une touriste qui ne comprend pas comment jouer à la pétanque et une personne qui habite un petit village du sud de la France. L'habitant ou l'habitante va expliquer le jeu.

Leçon 5

Au boulot!

Choisis un des pays européens mentionnés dans cette partie de l'unité et prépare un petit dépliant touristique sur ce pays. Tu peux faire des recherches supplémentaires si tu veux. Mentionne :

▪ des faits importants sur le pays;

▪ des aspects géographiques du pays;

▪ des endroits à visiter.

Illustre ton dépliant et ajoute des photos.

Une rencontre à Paris

En route

■ À la place de Tran ou d'Isabelle, quel objet de la catégorie B vas-tu chercher? Pourquoi?

> Cette fois je vais aller chercher les trois objets.

> Un seul objet n'est pas suffisant. Je vais rapporter les trois!

Tran et son amie Viviane sont dans les jardins des Tuileries à Paris. Ils ont trouvé le petit musée du Jeu de Paume. Oh là là! Voilà Isabelle et son copain Marc devant le musée!

Isabelle : Tran! Quelle surprise agréable! Et Viviane. Comment ça va?

Tran : Très bien, merci. Bonjour Marc.

Marc : Bonjour, Tran. Le *FrancoDéfi*, ça va?

Tran : Désolé, mais je ne peux pas parler du *Défi* devant Isabelle.

Isabelle : Mais qu'est-ce que tu fais ici?

Tran : Oh, tu sais… un peu de tourisme. J'ai toujours aimé ce petit musée. Viviane et moi avons pensé y entrer pour regarder les tableaux.

Marc : Mais Tran, le musée est fermé depuis quelques années. Tous les tableaux sont maintenant au Musée d'Orsay.

Tran : Oh! Vraiment, je ne m'intéresse pas beaucoup aux tableaux. C'est Viviane qui a suggéré cette visite.

Viviane : Oui, mais pendant que nous sommes ici, nous devons prendre des photos. Isabelle, veux-tu prendre une photo de Tran avec moi devant le musée?

Isabelle : Avec plaisir. Tran, tu as fait des achats? Je peux prendre ton sac si tu veux.

Tran : Ah, non, ça va, merci.

Isabelle prend la photo de Tran et de Viviane devant le musée. C'est une photo instantanée que Tran met dans son sac. Il ne laisse pas Isabelle regarder dans le sac parce qu'il y a mis un jeu de boules (avec un cochonnet, bien sûr) qu'il a acheté plus tôt ce matin. Puis Marc prend une photo d'Isabelle devant le musée.

A Pourquoi est-ce que Tran et Isabelle vont aux jardins des Tuileries?

B À la fin de la rencontre, combien d'objets a Tran? Et Isabelle?

C Écoute les deux conversations et fais l'activité de compréhension à la page 11 de ton cahier.

En route !

- Combien de langues officielles y a-t-il au Canada?
- Dans quelle province y a-t-il deux langues officielles?
- Combien de langues officielles y a-t-il en Suisse?
- Dans quel autre pays européen est-ce que le français est une des langues officielles?

MER DU NORD

PAYS-BAS

FLANDRE

BELGIQUE

BRUXELLES ●
● WATERLOO

ALLEMAGNE

WALLONIE ● NAMUR

FRANCE

LUXEMBOURG

1c

Catégorie C : Un voisin

Objet numéro un

Tu voyages dans un pays où il y a deux langues officielles principales.
Tu vas rapporter un objet qui aide les gens à comprendre les autres.

Objet numéro deux

Rapporte un souvenir d'une grande bataille dans la vie de Napoléon Bonaparte.

Objet numéro trois

Tu cherches un objet rectangulaire, divisé en sections. On met des choses délicieuses sur cet objet.

Un courriel de Namur

De : Isabelle
À : marc@courriel.maison
Sujet : la Belgique

Bonjour, mon ami.
Me voici à Namur, la ville principale de la Wallonie (la région de la Belgique où on parle français). Dans le nord du pays le néerlandais est la langue de la majorité des habitants et c'est aussi une langue officielle. Alors, j'ai déjà acheté un dictionnaire français-néerlandais. C'est un objet qui aide les gens dans une partie du pays à comprendre les autres, n'est-ce pas?

Je dois faire tous les efforts pour trouver tous les objets du concours en Belgique parce que la catégorie B a été un vrai désastre! Pas de maillot jaune, pas de cochonnet, seulement la photo du Jeu de Paume! Et Tran a rapporté les trois objets!

Je suis certaine que le troisième objet est une gaufre belge. Elles sont incroyablement délicieuses! Mais je dois dire que toute la cuisine belge est délicieuse. On m'a dit qu'il y a une rue à Bruxelles (la capitale) où il y a des centaines de restaurants. Si j'ai le temps, je vais aussi visiter Bruxelles. Juste avant de partir pour Paris, je vais acheter une gaufre pour le concours.

Je pense que la deuxième énigme parle de la bataille de Waterloo. L'armée de Napoléon Bonaparte a perdu cette bataille aux mains des Anglais en 1815. Tu vois, j'ai bien suivi mes cours d'histoire! L'énigme dit de rapporter un souvenir. S'il y a de beaux t-shirts, je vais en acheter deux : un pour le *FrancoDéfi* et l'autre pour toi. J'ai déjà vérifié qu'il y a un train entre Namur et Waterloo et je pars demain matin.

Oh… j'ai oublié! Les Belges mangent leurs frites avec de la mayonnaise! Curieux, n'est-ce pas?

A Fais l'activité aux pages 13 et 14 de ton cahier pour identifier les idées principales du courriel.

B As-tu déjà mangé une gaufre belge? À deux, faites une liste de toutes les choses délicieuses qu'on peut mettre sur une gaufre belge.

C Tran aussi cherche les objets suggérés dans les énigmes de la catégorie C. Écoute sa conversation avec une employée d'un magasin et fais l'activité de compréhension à la page 14 de ton cahier.

On dit que ce film est bon.

Qui dit ça?

On donne le maillot jaune au cycliste qui marque le meilleur temps.

Au début, **on a utilisé** la paume de la main pour frapper la balle.

On peut voir les joueurs de boules dans les villages de France.

- Quel est le sujet des verbes *donne*, *a utilisé* et *peut*?
- Pouvons-nous identifier le sujet par son nom?
- Quelle forme du verbe est-ce qu'il faut utiliser avec le sujet *on*?

A. Change les phrases suivantes en utilisant le pronom *on*. N'oublie pas de mettre le verbe à la bonne forme.

1. En France, <u>les gens fabriquent</u> beaucoup de fromages.

2. <u>Nous trouvons</u> des joueurs de boules dans les villages.

3. Pour préparer la fondue, <u>les Suisses utilisent</u> un poêlon spécial.

4. Aujourd'hui, <u>les gens jouent</u> au tennis avec une raquette.

5. En Belgique, <u>beaucoup de gens mangent</u> les frites avec de la mayonnaise.

B. À deux, complétez les phrases suivantes. Composez autant de phrases que possible.

1. Dans la classe de français, on…

2. Au centre commercial, on…

3. Chez nous, on…

ATTENTION! Pour plus d'informations, va à la page 163.

Au boulot

Choisis une des régions visitées par Tran et Isabelle. Tu vas préparer et présenter une annonce radiophonique dans le but de faire de la publicité pour la région. Écoute un exemple d'une annonce publicitaire et fais l'activité de compréhension à la page 17 de ton cahier.

Ton annonce doit durer trente secondes. Dans ton annonce, tu vas mentionner :

- comment on arrive à la région à partir de Paris;
- une visite spéciale qu'on peut faire;
- une spécialité qu'on peut manger;
- un souvenir de la région qu'on peut acheter.

N'oublie pas d'inclure au moins une phrase où le pronom *on* est le sujet.

Si tu veux, tu peux ajouter de la musique à ton annonce.

Le passé composé des verbes *avoir* et *être*.

De nos jours le tennis **est** un sport populaire.

Au passé le jeu de paume **a été** le loisir préféré des rois de France.

Isabelle **a** du succès dans sa chasse aux objets en Belgique.

Elle **a eu** des résultats désastreux dans ses efforts pour trouver les objets du sport.

Comment est-ce qu'on forme le passé composé du verbe **être**?

Comment est-ce qu'on forme le passé composé du verbe **avoir**?

En route!

- Qui a gagné la première étape du *FrancoDéfi*?

- Maintenant, qu'est-ce qu'il doit décider?

> Je veux continuer, mais... Qu'est-ce que c'est que le rallye Paris-Dakar?

LE FRANCODÉFI

Participez à un nouveau jeu et visitez le monde entier!

- Les concurrents ont déjà gagné un prix à la première étape.

- On doit trouver des informations dans trois parties du monde francophone et puis créer trois documents basés sur ces informations.

- On peut voyager en avion ou en bateau vers les destinations.

- On travaille seul.

- Un groupe de juges va choisir le gagnant ou la gagnante.

Prix : La personne qui gagne va participer comme co-pilote au prochain rallye Paris-Dakar!

En route !

- Est-ce que tu aimes l'idée de participer à une course automobile?
- En groupes, préparez deux idées pour et deux idées contre cette participation.
- Partagez vos idées avec un autre groupe.

Thierry Sabine a inauguré le rallye Paris-Dakar en 1978, après sa participation à une course de moto entre la Côte-d'Ivoire, en Afrique, et Nice, en France.

En 2001, Julia Kleinschmidt, à 38 ans, a été la première femme à gagner le Paris-Dakar.

Franco Sports

1er janvier 2001

Le rallye Paris-Dakar réveille la ville de Paris

Le jour de l'An, les Parisiens peuvent voir des centaines de véhicules rassemblés au pied de la tour Eiffel pour le départ du rallye Paris-Dakar. C'est une course de 21 jours qui traverse six pays et s'étend sur 10 000 kilomètres. On part de Paris pour parcourir l'Espagne, le Maroc, la Mauritanie et le Mali, avant de finir à Dakar au Sénégal. Cette année, il y a 133 motos, 113 voitures et 30 camions de course qui partent pour le Sénégal. Moins de la moitié des concurrents vont y arriver, parce que c'est une course difficile et dangereuse! Les plus grands défis du Paris-Dakar sont la distance, les températures extrêmes du Sahara et l'intensité du programme – seulement un jour de repos parmi les 21 jours de course!

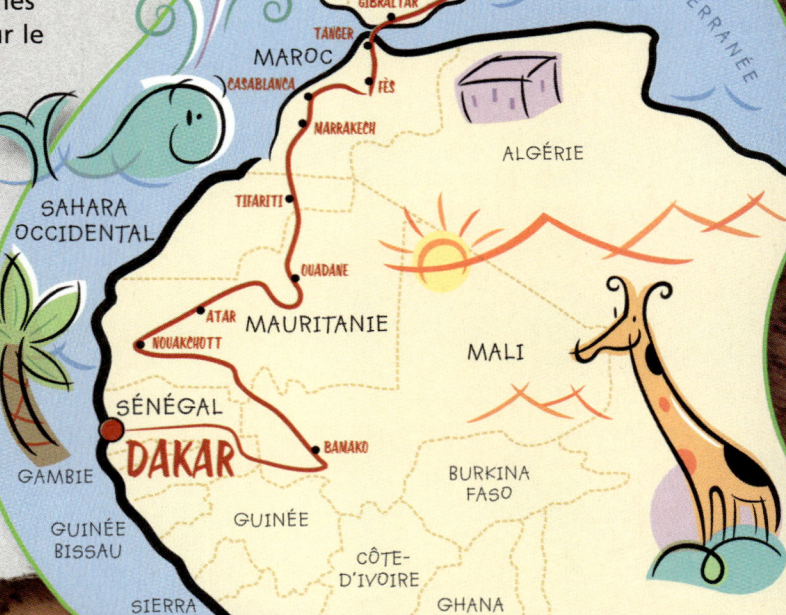

Signifie la route du rallye!

En route !

- Quels jeux est-ce que tu aimes?

- Avec qui est-ce que tu aimes jouer à ces jeux?

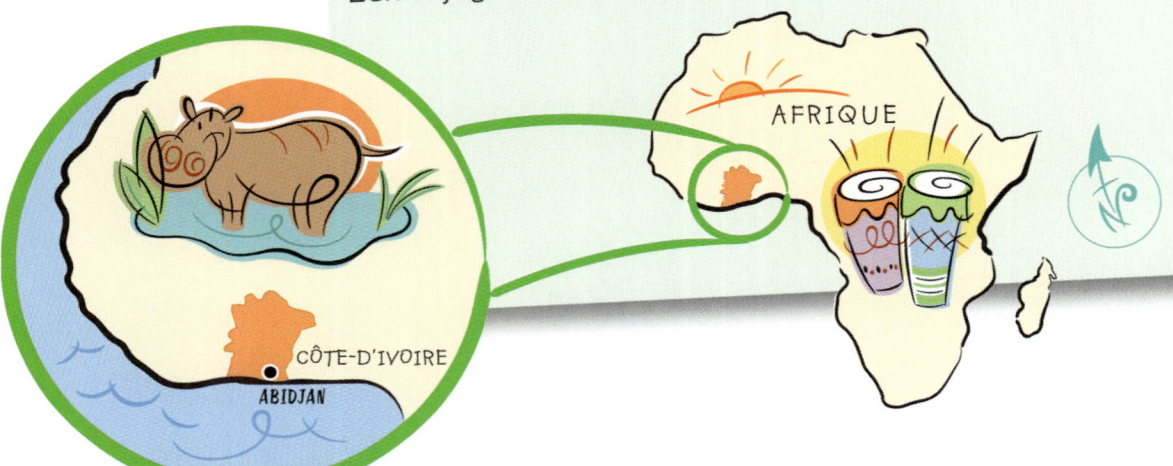

2a

Bienvenue au FrancoDéfi, deuxième étape!

Votre première mission : vous allez dans un pays francophone en Afrique. Vous y cherchez le jeu le plus populaire. Vous devez alors apprendre à jouer à ce jeu.

Vous rapportez ensuite aux juges du FrancoDéfi votre explication du jeu.

Bon voyage et bonne chance!

AFRIQUE

CÔTE-D'IVOIRE

ABIDJAN

Tran va à Abidjan, la capitale de la Côte-d'Ivoire. Abidjan est une grande ville moderne. Tran est sûr qu'il va y trouver le jeu le plus populaire. Il entre dans un magasin où on vend des jeux, des cadeaux et des souvenirs. Il parle avec la propriétaire du magasin.

Je suis en route pour la Côte-d'Ivoire!

TRAN ACHÈTE UN JEU

Tran : Bonjour, madame.

Propriétaire : Bonjour, monsieur. Est-ce que je peux vous aider?

Tran : Oui. Je participe au concours *FrancoDéfi* et je cherche le jeu africain le plus populaire.

Propriétaire : Ah… Je crois que vous parlez du mancala. C'est un jeu très ancien. On dit qu'on joue au mancala dans presque tous les pays africains.

Tran : C'est un jeu d'enfants?

Propriétaire : Tout le monde joue au mancala : les enfants et les adultes, les riches et les pauvres, les gens des grandes villes et les gens des villages.

Tran : De quoi a-t-on besoin pour jouer au mancala?

Propriétaire : C'est un jeu très simple. On a besoin d'une planche à mancala et de 48 pions.

Tran : Vous avez des planches ici, madame?

Propriétaire : Regardez… ce sont des planches à mancala. Il y a des planches en métal, en bois et en plastique. Une fois, j'ai vu dans un musée une planche en ivoire, décorée d'or. Mais je ne vends pas d'objets en ivoire dans mon magasin.

Tran : Et les pions?

Propriétaire : Même chose que les planches. Nous en avons de toutes sortes, monsieur. Vous pouvez jouer avec des diamants… ou des grains de riz.

Tran : Je ne suis pas riche, madame. Pas de diamants pour moi!

Propriétaire : Alors, je vous propose d'acheter ce jeu-ci. Il est en bon bois africain. Les pions sont des petites pierres multicolores.

Tran : Ça coûte combien?

Propriétaire : Ça coûte huit mille francs, monsieur.

Tran : Huit mille francs!! C'est trop cher, madame.

Propriétaire : Huit mille francs centrafricains, monsieur. C'est l'équivalent de 80 francs français.

Tran : Ouf! Pour un moment, j'ai eu peur!

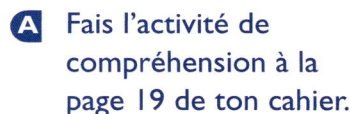

A Fais l'activité de compréhension à la page 19 de ton cahier.

B Un dollar canadien vaut environ cinq francs français. Combien est-ce que Tran a payé son jeu de mancala en dollars canadiens?

C Quelle est la source de l'ivoire? À ton avis, pourquoi est-ce que la propriétaire refuse de vendre des objets en ivoire?

D Écoute Tran expliquer comment jouer au mancala. Fais l'activité de compréhension à la page 20 de ton cahier.

En route!

En groupes, faites une liste de différents types de courses. Partagez votre liste avec un autre groupe.

2b

Votre deuxième mission : vous allez à un groupe d'îles magnifiques au milieu de l'océan Pacifique. Vous assistez à un événement sportif. Vous rapportez ensuite aux juges votre entrevue avec les gagnants.

Une course de pirogues en
POLYNÉSIE FRANÇAISE

Papeete, Tahiti
Le 10 novembre

Chère Viviane,
Je suis à Tahiti! Cette île au milieu de l'océan Pacifique est la plus grande des îles de la Polynésie française. Le climat y est chaud mais très agréable. Les couleurs du ciel, de la mer et des plages sont brillantes. C'est un vrai paradis!

La semaine passée, j'ai assisté au départ du *Hawaiki Nui Va'a*. C'est la plus grande course de pirogues au monde. Des équipes de la Polynésie, de l'Australie et d'autres pays viennent y participer. Quand j'ai entendu le mot *pirogue*, j'ai pensé tout de suite aux canots traditionnels polynésiens creusés dans un tronc d'arbre. J'ai marché de mon hôtel à la plage de l'île de Huahine où la course commence. J'y ai vu un très grand nombre de canots modernes. On y a installé entre 6 et 15 rameurs. Ces rameurs doivent être très forts, parce que la plus courte étape de la course est de 26 kilomètres.

En trois jours, les rameurs doivent couvrir 130 kilomètres! Il y a eu beaucoup de confusion au début de la course. Les collisions sont toujours possibles quand les rameurs partent.

Papeete, Tahiti

Le 11 novembre

Le troisième jour j'ai pris un petit avion pour assister à l'arrivée des pirogues à l'île de Bora Bora.

Une grande fête polynésienne y attend les rameurs sur la plage. J'y ai mangé du poisson cru, mariné dans du jus de citron vert et du lait de coco. Tu as visité le Mexique l'année passée et tu y as mangé un plat comme ça, n'est-ce pas?

Pour le plat principal, on creuse un grand trou dans le sable de la plage. On y met du feu et des pierres. Sur les pierres chaudes on met du poisson et des légumes, recouverts de feuilles de bananiers, puis de sable. Après deux ou trois heures, on ouvre le four et on enlève les aliments qu'on mange ensuite avec les doigts. Délicieux!

J'aime bien les Polynésiens. Ils sont très gentils. Après la fête, ils nous ont présenté des chansons et des danses traditionnelles.

Bien sûr, j'ai adoré cette fête et j'ai pris beaucoup de photos. J'y ai interviewé les gagnants de la course pour FrancoDéfi.

À bientôt,

A Fais les activités aux pages 21 à 23 de ton cahier.

B À deux, préparez et présentez une entrevue avec un rameur qui a participé au dernier *Hawaiki Nui Va'a*. Parlez de la composition de l'équipe, des étapes, des dangers pendant la course et de la fête à la fin. Présentez votre entrevue à la classe.

C Imagine que tu es en vacances en Polynésie française. Écris une carte postale à ta famille. Décris ce que tu fais pendant les vacances et mentionne quelque chose que tu manges. Illustre ta carte.

Dernière destination!

En route !

■ Combien de missions est-ce que Tran doit toujours accomplir? Où doit-il aller maintenant?

2c

Votre dernière mission : vous allez dans une île où il y a eu un grand désastre naturel. Le nom de cette île commence par la lettre M. Parlez de ce désastre avec un habitant de l'île et rapportez votre conversation aux juges.

MER DES CARAÏBES

ÎLES CAYMAN

CUBA

HAÏTI

JAMAÏQUE

RÉPUBLIQUE DOMINICAINE

PORTO RICO

OCÉAN ATLANTIQUE

ST.MARTIN

ST.BARTHÉLEMY

BARBUDA

ST.KITTS

ANTIGUA

GUADELOUPE

DOMINIQUE

MARTINIQUE

STE.LUCIE

ST.VINCENT

BARBADE

GRENADE

TOBAGO

TRINIDAD

LA MONTAGNE PELÉE

SAINT-PIERRE

FORT-DE-FRANCE

MARTINIQUE

ÉRUPTION VOLCANIQUE!

Tran : Bonjour, *FrancoDéfi*. Voici Tran Vo, à la Martinique. J'ai ici avec moi monsieur Bernard, un habitant de la capitale, Fort-de-France. Monsieur Bernard, voulez-vous nous parler un peu du grand désastre naturel qui a détruit une de vos villes?

Monsieur Bernard : Avec plaisir, monsieur. C'est mon grand-père qui m'a raconté cette histoire tragique. Comme vous savez, sans doute, la montagne Pelée est un volcan qui se trouve dans le nord-ouest de la Martinique. Eh bien, en 1635, on a établi le fort Saint-Pierre au pied du volcan.

Tran : Saint-Pierre est une ville importante?

Monsieur Bernard : Pas maintenant, mais dans le passé, oui… un grand centre pour l'exportation du sucre, et pour les importations aussi.

Tran : Mais, au pied d'un volcan? Est-ce qu'il y a eu des éruptions?

Monsieur Bernard : Oui, mais de petites éruptions. En 1792 et encore une fois en 1851. Les experts décident alors que le volcan est éteint, c'est-à-dire, qu'il ne représente pas de danger pour la population. Puis, en 1902, au début du mois de mai, les éruptions recommencent.

Tran : Et votre grand-père?

Monsieur Bernard : Il a passé toute sa vie ici à Fort-de-France, heureusement. Mais je continue… Quand les éruptions commencent, tout le monde dans les villages cherche refuge à Saint-Pierre. Les pauvres gens! La pire décision!

Tran : Qu'est-ce que les autorités font à ce moment?

Monsieur Bernard : On dit à la population de ne pas s'inquiéter : le volcan n'est plus dangereux. Vous voyez, on a annoncé des élections pour le 11 mai. Les autorités n'ont pas l'intention de changer la date des élections pour une petite éruption volcanique!

Tran : C'est terrible!

Monsieur Bernard : Le 8 mai, c'est le désastre! De la lave brûlante, de la fumée, des cendres descendent sur Saint-Pierre!

Tran : En combien de temps, monsieur Bernard?

Monsieur Bernard : Mon grand-père m'a dit que l'éruption a duré seulement quelques secondes. Les cendres et la lave ont recouvert la ville entière.

Tran : Beaucoup de gens sont morts dans l'éruption?

Monsieur Bernard : Trente mille personnes, monsieur! Trente mille! Il y a eu seulement deux survivants!

Tran : Deux! Dans toute la ville?

Monsieur Bernard : Oui. Les murs de la prison municipale ont protégé un criminel nommé Cyparis. Après cela, il a passé le reste de sa vie avec le cirque Barnum et Bailey.

Tran : Merci, monsieur Bernard. C'est une histoire tragique, mais très intéressante.

A Fais l'activité de compréhension aux pages 24 et 25 de ton cahier.

B Imagine qu'on a tourné un film sur l'éruption de la montagne Pelée. Crée l'affiche pour le film. Donne un nom au film. Écris trois phrases pour le décrire. Illustre ton affiche.

Regarde les phrases suivantes, tirées de l'article sur la Polynésie française.

J'y ai mangé du poisson cru.

On y met du feu et des pierres. (On n'y met pas d'eau!)

Tu as visité le Mexique l'année passée et tu y as mangé un plat comme ça.

Qu'est-ce que le pronom *y* représente dans chaque phrase? Choisis une réponse dans la liste suivante.

- à la fête polynésienne
- au Mexique
- dans le trou

Qu'est-ce qu'on ne répète pas quand on utilise le pronom *y*?

ATTENTION! À la forme négative, on met *ne* ou *n'* devant le pronom *y* et *pas* après le verbe.

A Répète les phrases suivantes. Remplace les mots soulignés par le pronom *y*.

1. Je prends mon déjeuner <u>dans la cuisine</u>.
2. Les canots vont vite <u>sur l'océan</u>.
3. Il rencontre ses amis <u>à la plage</u>.
4. Tran passe une semaine <u>en Polynésie française</u>.
5. Viviane et Isabelle restent <u>à Paris</u>.

B Mets les phrases suivantes à la forme négative.

1. Tran y achète un jeu de mancala.
2. Nous y mangeons du poisson cru.
3. La femme y met les aliments.
4. Mes amis y ont participé à une course.
5. Vous y cherchez les autres.

ATTENTION! Pour plus d'informations, va à la page 164.

C À ton avis, qu'est-ce que le pronom *y* représente dans chacune des phrases de la partie B?

Au boulot !

Prépare un quiz basé sur les différentes régions francophones mentionnées dans ce livre.

Pour ton quiz, écris six phrases, une pour chacune des régions suivantes : la France, la Suisse, la Belgique, l'Afrique francophone, la Polynésie française et la Martinique. Puis, écris trois questions pour accompagner chaque phrase.

Exemple : On y assiste au *Hawaiki Nui Va'a*.

- Est-ce qu'on est à la Martinique?
- Est-ce qu'on est en France?
- Est-ce qu'on est en Polynésie française?

Tes phrases doivent contenir les pronoms *on* et *y*.

L'information dans la phrase peut concerner des aliments, des souvenirs typiques, des activités et la géographie de la région.

Seulement une des trois questions doit correspondre à la phrase.

Pose tes questions à ton ou à ta partenaire. Demande à ton ou à ta partenaire d'indiquer sur la carte du monde francophone aux pages 128 et 129 de ton livre la région qu'il ou elle choisit. Puis remets ton quiz à ton professeur ou à ta professeure.

Avant de commencer, fais le quiz sur le Canada à la page 28 de ton cahier.

Stratégies

Quand tu écris...

Organise ton travail!
Utilise :

- des ressources!
- un modèle!

Fais :

- ton brouillon!
- tes corrections!
- ta copie finale!

Vérifie dans le lexique ou dans un dictionnaire!

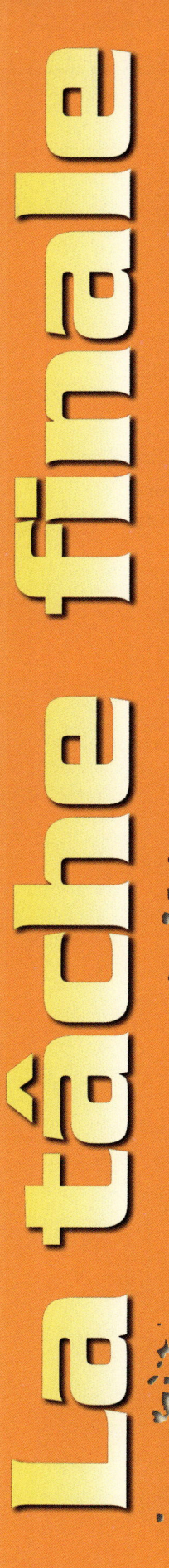

La tâche finale

Venez visiter une région francophone !

Tu vas décrire des vacances dans une région francophone.

Pour ta présentation orale :

Tu as passé une semaine de vacances dans une des régions francophones mentionnées dans ce livre. Tu vas décrire tes vacances à la classe dans une présentation de 20 phrases.

Mentionne ce que tu as mangé, ce que tu as fait comme activité sportive ou culturelle, ce que tu as acheté comme souvenirs et des faits intéressants au sujet de la région.

N'oublie pas d'utiliser des aides visuelles comme une carte de la région et des illustrations.

Utilise le passé composé au moins cinq fois dans ta présentation.

Pour ta version écrite :

Tu vas préparer un livret destiné à faire de la publicité pour une région francophone. Ce livret va prendre la forme de cinq questions suivies chacune d'un paragraphe contenant tes réponses. Ton livret doit aussi contenir des illustrations et une carte.

Les questions vont être au sujet :
- des aliments ;
- des activités sportives ;
- des souvenirs typiques ;
- des habitants de la région ;
- des moyens de transport pour aller visiter cette région.

NEL

Danielle fait sa présentation

Écoute Danielle faire sa présentation sur la Guyane.

GUYANE

CAYENNE

OCÉAN ATLANTIQUE

Mon voyage en Guyane

J'ai visité la Guyane avec ma famille. Nous avons pris l'avion. L'avion a atterri à la ville de Cayenne. Nous avons visité l'île du Diable. Il y a une très vieille prison sur cette île. La France a envoyé 80 000 prisonniers à cette prison. Aujourd'hui c'est un musée. J'ai trouvé la visite très intéressante. J'ai aimé aussi notre visite au centre spatial à Kourou. On mange très bien en Guyane. Les poissons et les fruits de mer sont délicieux. Chaque matin nous mangé des fruits tropicaux. Nous avons dîné [da]ns restaurants français où la cuisine est [vrai]ment comme à Paris. Comme souvenirs, je [... a]cheté l'artisanat local. Nous avons acheté [des] ...ticles en bois qui sont très jolis. Ma mère et [... a]vons acheté des robes. Les couleurs sont [...bri]llantes.

J'ai beaucoup aimé ma visite en Guyane.

Stratégies

Quand tu fais une présentation...

Regarde tes camarades de classe!

Parle :
- fort!
- clairement!
- de façon expressive!

Change le ton de ta voix!

Ne parle pas trop vite!

Ajoute des actions et des gestes!

Utilise des aides visuelles et sonores!

159

Étude de la langue

L'adjectif

Les valeurs de l'adjectif

■ Certains adjectifs indiquent une **qualité** ou une **caractéristique** associée à un nom.

▼ ▼

un **grand** défilé   le festival **acadien**
une **belle** fête   la musique **classique**

La place de l'adjectif

■ Certains adjectifs sont généralement placés **avant** le nom.

▼

un **petit** souvenir
une **mauvaise** surprise
un **beau** costume
une **nouvelle** chanson
une **jeune** femme

■ D'autres adjectifs sont placés **après** le nom.

▼

un drapeau **étoilé**
un fanion **tricolore**
une fête **nationale**
un défilé **bruyant**
un événement **touristique**

L'accord de l'adjectif

■ Règle générale, le **féminin** est formé en ajoutant un **-e** au masculin.

petit ➜ petite
grand ➜ grande
mauvais ➜ mauvaise
excellent ➜ excellente
varié ➜ variée

■ Il y a plusieurs autres façons de former le féminin des adjectifs.

acadien ➜ acadienne
vieux ➜ vieille
heureux ➜ heureuse
étranger ➜ étrangère
beau ➜ belle

■ Quand l'adjectif se termine par **-e**, il n'y a pas de différence entre le masculin et le féminin.

un festival populaire ➜ **une** fête populaire
un texte facile ➜ **une** activité facile

■ Règle générale, le **pluriel** est formé en ajoutant un **-s** au masculin et au féminin.

grand ➜ grands
varié ➜ variés
bonne ➜ bonnes

■ Il y a plusieurs exceptions à la règle.

beau ➜ beaux
spécial ➜ spéciaux
heureux ➜ heureux

Un conseil : consulte le Lexique ou un dictionnaire pour vérifier l'accord des adjectifs.

Les variations d'intensité de l'adjectif

■ Pour **ajouter un degré** de qualité, on place un **adverbe** devant l'adjectif.

un événement **très** important
des activités **bien** organisées
une programmation **assez** variée
une fête **vraiment** intéressante

NEL

Les adjectifs démonstratifs

L'adjectif démonstratif indique
une chose ou une personne ──────── proche ou qu'on montre
                                    mentionnée avant

Singulier		Pluriel
Masculin	**Féminin**	**Masculin et féminin**
Devant une consonne : **Ce** monument	**Cette** année	**Ces** hommes **Ces** femmes
Devant une voyelle : **Cet** instrument		**Ces** instruments

Voici **un** monument. Dans quelle ville se trouve **ce** monument ?
C'est un instrument inventé par Laennec. Qui a besoin de **cet** instrument ?
En 1796, Napoléon est chef d'armée. **Cette** année-là, il épouse Joséphine.
Il y a **trois** hommes dans l'aventure. Qui sont **ces** hommes ?

Les adjectifs qualificatifs

▪ Pour décrire les personnages d'un conte ou d'une histoire, les adjectifs sont indispensables.
Voici des adjectifs utiles que l'on place normalement :

Devant le nom	Après le nom	
	Qualités	**Défauts**
Voici l'histoire d'un petit singe.	*Quelle femme généreuse !*	*C'est un singe gourmand.*
grand, grande mauvais, mauvaise petit, petite	fort, forte intelligent, intelligente rusé, rusée	gourmand, gourmande imprudent, imprudente lent, lente méchant, méchante têtu, têtue
bon, bonne gros, grosse	gentil, gentille	
beau (bel), belle nouveau (nouvel), nouvelle vieux (vieil), vieille	ambitieux, ambitieuse aventureux, aventureuse courageux, courageuse généreux, généreuse ingénieux, ingénieuse travailleur, travailleuse	cruel, cruelle paresseux, paresseuse peureux, peureuse vaniteux, vaniteuse
jeune long, longue	agile honnête rapide	faible hostile jaloux, jalouse malhonnête

Le comparatif / superlatif

Le comparatif

▪ Pour comparer des personnes et des choses à **d'autres**, on emploie :

plus… que… pour exprimer un degré **supérieur** de l'adjectif.

Frédéric est **plus** organisé **que** Monique.
Monique est **plus** excentrique **que** Léo.
La chambre des garçons est **plus** grande **que** celle de Monique.

aussi… que… pour exprimer un degré **égal** de l'adjectif.

> Monique est **aussi** intelligente **que** Frédéric.
> Les enfants sont **aussi** occupés **que** les parents.

moins… que… pour exprimer un degré **inférieur** de l'adjectif.

> Monique est **moins** organisée **que** Frédéric.
> Frédéric est **moins** excentrique **que** Monique.
> Les vêtements de Frédéric sont **moins** rétro **que** ceux
> de Monique.

L'adjectif s'accorde en **nombre** (singulier/pluriel) avec le nom.

> **Léo** est moins **organisé** que Frédéric.
> **Ils** sont plus **organisés** que Monique.

L'adjectif s'accorde en **genre** (masculin/féminin) avec le nom.

> **Monique** est aussi **sportive** que Frédéric.
> **Frédéric** est aussi **sportif** que Monique.

Lorsqu'il se rapporte à **deux noms**, l'adjectif s'accorde au masculin pluriel.

> **La mère et le père** sont aussi **occupés** que les enfants.

Une exception importante

▪ Pour exprimer une comparaison de **supériorité** avec l'adjectif *bon/bonne*, on emploie *meilleur/meilleure* :

> Frédéric est **bon** en français. Il est **meilleur** que Monique.
> Monique est **bonne** en dessin. Elle est **meilleure** que Frédéric.
> Frédéric et Léo sont **meilleurs** que Monique en mathématiques.
> Léo est **bon** en mathématiques. Il est **aussi bon** que Frédéric.
> Frédéric n'est pas **meilleur** que Léo.
> Monique est **moins bonne** que Léo en musique.

Le superlatif

▪ Pour comparer des personnes et des choses à **un groupe,** on emploie :

le plus… / la plus… / les plus… pour exprimer un degré **supérieur** de l'adjectif.

> L'aîné est **le plus** sérieux (de la famille).
> La cadette est **la plus** active (de la famille).
> Les enfants uniques sont **les plus** égoïstes (des enfants).

le moins… / la moins… / les moins… pour exprimer un degré **inférieur** de l'adjectif.

> Le benjamin est **le moins** sévère.
> La cadette est **la moins** stressée.
> Les aînés sont **les moins** désordonnés.

Une exception importante

▪ Pour exprimer le superlatif de l'adjectif *bon/bonne*, on emploie *le meilleur / la meilleure / les meilleurs* :

> Le cadet est **le meilleur** compétiteur.
> La benjamine est **la meilleure** artiste.
> Les enfants uniques sont **les meilleurs** compagnons.

Les mots-liens

On utilise	**et**	pour présenter une autre chose qui arrive.
On utilise	**puis**	pour présenter ce qui arrive après.
On utilise	**mais**	pour présenter une objection, une idée opposée.
On utilise	**car** et **parce que**	pour présenter une raison.

▪ Pour rendre une histoire plus cohérente et plus facile à suivre, les mots-liens sont bien utiles.

Kofi a regardé la cage **et** il a trouvé un gros crocodile.
Kofi a caché le crocodile, **puis** il est parti pour le village.
Nous aussi avons besoin d'argent, **mais** tu ne vas pas à la rivière avec les autres.
Tu peux porter mon crocodile au village, **car** je ne veux pas salir mes beaux vêtements.
Kofi, **parce que** tu as menti très souvent dans le passé, je pense que tu mens aujourd'hui.

▪ On peut aussi utiliser des mots-liens pour situer les parties de l'histoire dans le temps. Par exemple :

un jour	**à ce moment-là / juste à ce moment**
un autre jour	**plus tard**
le jour suivant	**quatre jours plus tard**
vers midi	**une semaine plus tard**

Ne... pas de

▪ À la forme négative, les articles *un*, *une*, *du*, *de la*, *de l'* et *des* sont remplacés par *de*.

Il y a **des automobiles** au début du 20e siècle.
Il y a **du cinéma**.
Il y a **de la radio**.

Mais, au début du 19e siècle,
il **n'y a pas d'automobiles**.
Il **n'y a pas de cinéma**.
Il **n'y a pas de radio**.

Y a-t-il **des touristes** sur Lune 3 ? Non, il n'y a **pas de touristes** en hiver.
As-tu **une photo** des jumeaux ? Non, je n'ai **pas de photo** des jumeaux.

Les pronoms

Le pronom *on*

▪ On utilise le pronom *on* comme sujet d'un verbe dans le sens général de « tout le monde », « les gens » ou « quelqu'un ».

On peut voir les joueurs de boules dans tous les villages de la Provence.
On peut voyager en avion ou en bateau vers les destinations indiquées.

▪ Quand le pronom *on* est le sujet de la phrase, on utilise la même forme du verbe qui est utilisée avec le sujet *il* ou *elle*.

Le pronom y

◗ On utilise le pronom *y* quand on ne veut pas répéter une préposition comme *à* ou *dans* et son objet. Très souvent, le pronom *y* fait référence à un endroit.

> **À la Martinique**, il fait chaud. On y trouve de belles plages.
> Un jeu de mancala a **douze tasses**. On y met les pions.

◗ Quand le verbe est à la forme négative, on met *ne* ou *n'* devant le pronom *y*.

> À la Martinique, il fait chaud. On **n'y** va pas pour les sports d'hiver.

◗ Au passé composé, on met le pronom *y* devant le verbe auxiliaire.

> J'ai assisté à une fête polynésienne. **J'y** ai mangé du poisson cru.

Les verbes composés

Les verbes composés avec *devoir*

◗ Pour exprimer la **nécessité**.

	devoir +	infinitif	
	▼	▼	
Tu	dois	participer	à la fête.
Rafik ne	doit pas	donner	ses masques.

je	**dois**	nous	**devons**
tu	**dois**	vous	**devez**
elle, il, on	**doit**	elles, Ils	**doivent**

Les verbes composés avec *il faut*

◗ Pour exprimer la **nécessité**.
L'expression *il faut* + infinitif

	▼	▼	
Il	faut	demander	la permission.
Il ne	faut pas	acheter	des costumes.

(L'expression « il faut » est utilisée à la 3ᵉ personne du singulier seulement.)

Les verbes composés avec *pouvoir*

◗ Pour exprimer la **capacité** ou la **possibilité**.

	pouvoir +	infinitif	
	▼	▼	
Élise	peut	faire	des affiches.
Les amis ne	peuvent pas	organiser	un défilé.

je	**peux**	nous	**pouvons**
tu	**peux**	vous	**pouvez**
elle, il, on	**peut**	elles, Ils	**peuvent**

Les verbes composés avec *vouloir*

◗ Pour exprimer l'**intention**.

	vouloir +	infinitif	
	▼	▼	
Je	veux	manger	un gâteau.
M. Rémy ne	veut pas	retarder	le cours.

je	**veux**	nous	**voulons**
tu	**veux**	vous	**voulez**
elle, il, on	**veut**	elles, Ils	**veulent**

Le temps des verbes

Le temps présent des verbes en –er

■ En français, les verbes sont formés d'un **radical** et d'une **terminaison**.

Je **regard**- **e** le champ de bataille.
Où est-ce que tu **préfèr**- **es** magasiner ?
Durant **continu**- **e** à travailler.
Nous **cherch**- **ons** la liberté, l'égalité et la fraternité.
Qu'est-ce que vous **pens**- **ez** de l'idée de M. Poubelle ?
Les Parisiens **jett**- **ent** les déchets dans les rues.

aimer		
j'	**aim**-	**e**
tu	**aim**-	**es**
elle, il	**aim**-	**e**
nous	**aim**-	**ons**
vous	**aim**-	**ez**
elles, ils	**aim**-	**ent**

- Règle générale, le radical (**aim**-) ne change pas.
- Dans certains verbes, le radical peut changer :
  (**ache**ter) j'**achè**te, nous **ache**tons
  (**jet**er) je **jett**e, nous **jet**ons
- Les terminaisons ne changent pas.
- Les terminaisons varient selon le sujet du verbe.
- Au présent, les terminaisons -*ons* et -*ez*
  se prononcent, les autres ne se prononcent pas.

Le temps présent des verbes en –ir

Moi, Toussaint-Louverture, j'**aboli**- **s** la servitude à Haïti.
Marcel, tu **rempli**- **s** le réservoir de pétrole ?
Le cardinal **saisi**- **t** Constance.
Vous **choisiss**- **ez** des romans de science-fiction ?
Seulement 21 autos **réussiss**- **ent** à démarrer.
Napoléon : « Joséphine, tu **sor**- **s** avec moi ce soir ? »
Le sous-marin **sor**- **t** de l'imagination de Jules Verne.
Nous **sort**- **ons** de la classe après les cours.
Des milliers de Français **sort**- **ent** dans les rues de Paris.

finir		
je	**fini**-	**s**
tu	**fini**-	**s**
elle, il, on	**fini**-	**t**
nous	**finiss**-	**ons**
vous	**finiss**-	**ez**
elles, ils	**finiss**-	**ent**

- Le radical des verbes qui se terminent en -*ir* change au pluriel.
- Les verbes en -*ir* ont les mêmes terminaisons.
- Les terminaisons varient selon le sujet du verbe.
- Si le sujet est à la 3e personne (*elle, il, on*), le verbe
  se termine avec un -*t*.
- Au présent, certaines terminaisons se prononcent,
  d'autres ne se prononcent pas.

sortir		
je	**sor**-	**s**
tu	**sor**-	**s**
elle, il, on	**sor**-	**t**
nous	**sort**-	**ons**
vous	**sort**-	**ez**
elles, ils	**sort**-	**ent**

D'autres verbes comme *finir* : *choisir*, *réfléchir*, *remplir* et *réussir*.
D'autres verbes comme *sortir* : *dormir* et *partir*.

Références

Le temps présent des verbes en *-re*

> J' **entend- s** des rumeurs d'une grande course.
>
> Tu **comprend- s** les instructions ?
>
> Napoléon **perd** la bataille de Waterloo.
>
> Nous ne **vend- ons** pas le radium.
>
> Vous l' **entend- ez**, monsieur ?
>
> Les Parisiens **attend- ent** devant les librairies à six heures du matin.

entendre	
j'	**entend- s**
tu	**entend- s**
elle, il	**entend**
nous	**entend- ons**
vous	**entend- ez**
elles, ils	**entend- ent**

- Le radical des verbes qui se terminent en *-re* ne change pas.
- Les verbes en *-re* ont les mêmes terminaisons.
- Les terminaisons varient selon le sujet du verbe.
- Si le sujet est à la 3ᵉ personne du singulier, le verbe se termine avec un *-d*.
- Au présent, certaines terminaisons se prononcent, d'autres ne se prononcent pas.
- Le radical des verbes comme **prendre** change au pluriel.

prendre	
je	**prend- s**
tu	**prend- s**
elle, il	**prend**
nous	**pren- ons**
vous	**pren- ez**
elles, ils	**prenn- ent**

D'autres verbes comme *entendre* : ***attendre***, ***descendre***, ***perdre***, ***répondre***, et ***vendre***.

D'autres verbes comme *prendre* : ***apprendre*** et ***comprendre***.

Le futur proche

- Le futur proche indique qu'une action va **bientôt** arriver.

  Formation du futur proche :

  verbe ***aller*** + verbe à l'**infinitif**

	▼	▼	
Je	**vais**	**montrer**	mes souvenirs de voyage.
Tu	**vas**	**parler**	de ton projet au professeur.
Elle, Il	**va**	**donner**	des cadeaux à ses amis.
Nous	**allons**	**voir**	le défilé à la télévision.
Vous	**allez**	**lire**	un texte sur la Louisiane.
Elles, Ils	**vont**	**faire**	des masques pour la fête.

- La **forme négative** du futur proche :

Je	**ne vais pas**	acheter de souvenirs.
Il	**ne va pas**	rencontrer les élèves.
Nous	**n' allons pas**	organiser une fête.

Le passé composé avec *avoir*

▪ On utilise le passé composé pour parler des actions dans le passé.

Le passé composé est « composé » de deux parties : un verbe auxiliaire et un autre verbe.
Très souvent, le verbe auxiliaire est *avoir* au présent.

le verbe *avoir*   +   un autre verbe
▼   ▼

J'	**ai**	**écrit**	un article de journal.
Tu	**as**	**parlé**	à ta blonde.
Elle, Il, On	**a**	**lu**	un poème.
Nous	**avons**	**mangé**	ensemble.
Vous	**avez**	**vu**	le nouveau garçon.
Elles, Ils	**ont**	**bavardé**	en classe.

(La majorité des verbes français forment le passé composé avec *avoir*.)

Le passé composé des verbes en *–er*

▪ Le deuxième verbe du passé composé s'appelle « participe passé ».

Pour former le participe passé des verbes en *-er*, on change le *-er* en *-é*.

le verbe *avoir*   +   le **participe passé**
▼   ▼

J'	**ai**	**assisté**	au défilé du carnaval.
Tu	**as**	**acheté**	des souvenirs.
Elle, Il, On	**a**	**discuté**	de la fête.
Nous	**avons**	**parlé**	au professeur.
Vous	**avez**	**fabriqué**	des décorations.
Elles, Ils	**ont**	**organisé**	une fête.

Le passé composé des verbes réguliers

▪ Pour former le participe passé des verbes en *-er*, on change le *-er* en *-é*.

▪ Pour former le participe passé des verbes en *–ir*, on change le *–ir* en *–i*.

▪ Pour former le participe passé des verbes en *–re*, on change le *-re* en *–u*.

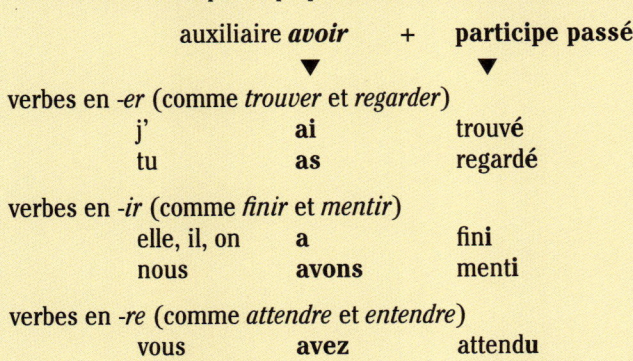

auxiliaire *avoir*   +   **participe passé**
▼   ▼

verbes en *-er* (comme *trouver* et *regarder*)

j'	**ai**	trou**vé**
tu	**as**	regard**é**

verbes en *-ir* (comme *finir* et *mentir*)

elle, il, on	**a**	fini
nous	**avons**	menti

verbes en *-re* (comme *attendre* et *entendre*)

vous	**avez**	attendu
elles, ils	**ont**	entendu

J'ai **trouvé** un crocodile !
Kofi, tu **as menti** très souvent dans le passé.
Kiwu **a entendu** les hommes du village parler.

Références

Le passé composé des verbes irréguliers

▪ Quelques verbes ne suivent pas la règle pour la formation du participe passé.

Le participe passé du verbe *faire* est *fait*.

j'ai **fait**	nous **avons fait**
tu **as fait**	vous **avez fait**
il, elle, on **a fait**	ils, elles **ont fait**

▪ Autres verbes irréguliers :

verbe	participe passé		verbe	participe passé	
▼	▼		▼	▼	
avoir	**eu**	j'ai eu	**mettre**	**mis**	nous avons mis
croire	**cru**	tu as cru	**ouvrir**	**ouvert**	vous avez ouvert
dire	**dit**	on a dit	**prendre**	**pris**	ils ont pris
être	**été**	elle a été	**voir**	**vu**	elles ont vu

J'**ai fait** une excellente présentation.
Mais aujourd'hui Kiwu **a eu** de la chance.
Arrivé là, il **a mis** une cage à crocodile.
Oh ! Oh ! **a dit** Kiwu, quelle chance !
Il **a pris** de la boue et il a sali ses vêtements.

Le passé composé avec *être*

▪ Certains verbes prennent l'auxiliaire *être* au lieu de l'auxiliaire *avoir*.

Kofi **est allé** à la rivière.   Nous **sommes parti(e)s** ensemble.

▪ Les plus fréquents de ces verbes sont : ***aller***, ***arriver***, ***descendre***, ***monter***, ***partir***, ***(r)entrer***, ***sortir***, ***tomber***, ***venir***.

	auxiliaire *être*	+	participe passé
	▼		▼
je	**suis**		allé (e)
tu	**es**		sorti (e)
elle, il, on	**est**		parti (e)
nous	**sommes**		arrivé(e)s
vous	**êtes**		monté(e)(s)
elles, ils	**sont**		venu(e)s

Attention : le participe passé s'accorde avec le sujet du verbe.

Madame Roney est **allée** à la rivière.
Madame Roney est **rentrée** chez elle.

La forme négative du passé composé

▪ On met l'auxiliaire entre *ne* et *pas*.

Elle	**n' a pas**	assisté au grand défilé.
Ils	**n' ont pas**	parlé au professeur.
Il	**n' est pas**	allé à la Nouvelle-Orléans.

Les camarades de Monique **n'ont pas** parlé à Frédéric.
Nathalie **n'est pas** allée à la fête.

Lexique

A

à côté de *expr.* next to, beside

à terre *expr.* on the ground

abolir *v.* to abolish

accélérer *v.* to speed up

accorder *v.* to grant

acheter *v.* to buy

achever *v.* to complete

les **affaires** *n.f.pl.* business

une **affiche** *n.f.* poster

afficher *v.* to post

agiter *v.* to wave

agrandir *v.* to enlarge

agréable *adj.* pleasant

une **aide** *n.f.* help; **avoir besoin d'aide** *expr.* to need help

aider *v.* to help

un, une **aîné, aînée** *n.m.,f.* elder, eldest

l' **air : en plein air** *expr.* outdoors

l' **aise : à l'aise** *expr.* at ease

ajouter *v.* to add

un **aliment** *n.m.* food

allemand, allemande *adj.* German

aller *v.* to go

je vais	nous allons
tu vas	vous allez
elle, il, on va	ils, elles vont

aller chercher *expr.* to go and get

alors *adv.* then, at that time, so

une **ambiance** *n.f.* atmosphere

ambulant, ambulante *adj.* travelling

un, une **ami, amie** *n.m.,f.* friend

amical, amicale *adj.* friendly

l' **amitié** *n.f.* friendship

l' **amour** *n.m.* love

amoureux, amoureuse *adj.* in love; **être amoureux, amoureuse de** *expr.* to be in love with

amusant, amusante *adj.* amusing

ancien, ancienne *adj.* former; ancient, old

un **animal de compagnie** *n.m.* pet

une **annonce** *n.f.* leaflet

une **annonce publicitaire** *n.f.* ad

un **annuaire** *n.m.* yearbook

annuler *v.* to cancel

les **Antilles** *n.f.pl.* West Indies

une **antilope** *n.f.* antelope

l' **Antiquité** *n.f.* ancient times

août *n.m.* August

apercevoir *v.* to see, perceive

les **Appalaches** *n.f.pl.* Appalachian Mountains

appeler *v.* to call

apporter *v.* to bring

apprécier *v.* to appreciate

après *prép.* after

un **arbre** *n.m.* tree

l' **argent** *n.m.* money

une **armée** *n.f.* army

un **arôme** *n.m.* aroma

un **arrêt d'autobus** *n.m.* bus stop

arrêter *v.* to stop; to arrest

les **arts plastiques** *n.m.pl.* visual arts

s' **asseoir** *v.* to sit down

assez de *adv.* enough

une **assiette** *n.f.* plate

assister à *v.* to attend

un **atelier** *n.m.* workshop

attendre *v.* to wait (for)

atterrir *v.* to land

attirer *v.* to attract

attraper *v.* to catch

au sujet de *expr.* about

un **auditoire** *n.m.* audience, public

auprès de *adv.* with

aussi *adv.* also

un **autocar** *n.m.* bus linking two towns

autour de *prép.* around

autre *adj.* other

s' **avancer** *v.* to move forward

un **avantage** *n.m.* advantage, benefit

l' **avenir** *n.m.* future

avertir *v.* to notify; to inform

aveugle *adj.* blind

un **avis** *n.m.* opinion

---

avoir *v.* to have
j'ai	nous avons
tu as	vous avez
il, elle, on a	ils, elles ont

B

une **babiole** *n.f.* trinket

la **bagarre** *n.f.* fight, clash

un **baladeur** *n.m.* walkman

une **baleine** *n.f.* whale

une **balle** *n.f.* ball

un **bananier** *n.m.* banana tree

une **bannière** *n.f.* banner

une **bataille** *n.f.* battle

un **bateau** *n.m.* boat

un **bâtiment** *n.m.* building

un **bâton** *n.m.* stick

un **battement de cœur** *n.m.* heartbeat

se **battre** *v.* to fight

bavard, bavarde *adj.* gossipy

des **bavardages** *n.m.* chatting, gossiping

bavarder *v.* to chat

beaucoup *adv.* a lot

un **bébé** *n.m.* baby

un **beignet** *n.m.* doughnut

une **bénédiction** *n.f.* blessing

un, une **bénévole** *n.m.,f.* volunteer

un, une **benjamin, benjamine** *n.m.,f.* youngest

un **besoin** *n.m.* need; **avoir besoin de** *expr.* to need

le **beurre** *n.m.* butter

le **bien-être** *n.m.* well-being

bientôt *adv.* soon

bizarre *adj.* strange

les **blés** *n.m.pl.* wheat

blessé, blessée *adj.* wounded, hurt, injured

se **blesser** *v.* to hurt oneself

une **blonde** *n.f.* girlfriend

le **bois** *n.m.* wood; **les bois** *n.m.pl.* woods

une **boisson** *n.f.* drink

une **boîte** *n.f.* can

bon, bonne *adj.* good; **bon !** *inter.* all right!

un **bonbon** *n.m.* candy

le **bord** *n.m.* edge

la **boue** *n.f.* mud

bouger *v.* to move

une **boule** *n.f.* bowling ball; **les boules** *n.f.pl.* bowling; **jouer aux boules** *expr.* to bowl

une **boulette (de porc)** *n.f.* (pork) meatball

briller *v.* to shine

britannique *adj.* British

un **brouillon** *n.m.* rough copy, draft

un **bruit** *n.m.* noise

bruyant, bruyante *adj.* noisy

bu drunk (*p.p.* of **boire** to drink); **ils ont bu** they drank

un **but** *n.m.* aim, goal; **avoir pour but** *expr.* to aim to

---

C

cacher *v.* to hide; **se cacher** *v.* to hide oneself

un **cadeau** *n.m.* gift

un, une **cadet, cadette** *n.m.,f.* younger, youngest

une **calebasse** *n.f.* container made from a gourd

un, une **camarade de classe** *n.m.,f.* classmate

capter *v.* to catch, pick up (from the air)

car *conj.* because, for

une **carrière** *n.f.* career

une **carte** *n.f.* map

un **casier** *n.m.* locker

un **casse-croûte** *n.m.* snack bar

une **casserole** *n.f.* saucepan

un **castor** *n.m.* beaver

cause : à cause de *prép.* because of

céder *v.* to let, to part with

célèbre *adj.* famous

les **cendres** *n.f.pl.* ashes

une **centaine** *n.f.* about one hundred

un **centre commercial** *n.m.* shopping centre

chacun, chacune *pron.* each one

la **chance** *n.f.* luck

un **chandail** *n.m.* sweater

un **changement** *n.m.* change

une **chanson** *n.f.* song

le **chant** *n.m.* song

un, une **chanteur, chanteuse** *n.m.,f.* singer

chaque *adj.* each

chargé, chargée de *adj.* full of

une **charpente** *n.f.* framework

une **chasse** *n.f.* hunt

chasser *v.* to hunt

châtain *adj.* brown-haired

un **château** *n.m.* castle

chaud, chaude *adj.* hot

chauffer *v.* to heat

un **chef** *n.m.* chief, leader

cher, chère *adj.* dear

chercher *v.* to look for

chez *prép.* at the home of

la **chimie** *n.f.* chemistry

choisir *v.* to choose

le **ciel** *n.m.* sky

un, une **citoyen, citoyenne** *n.m.,f.* citizen

un **citron vert** *n.m.* lime

clairement *adv.* clearly

une **clé** *n.f.* key

une **collation** *n.f.* snack

collectionner *v.* to collect

un **collier** *n.m.* necklace; collar

un **colorant** *n.m.* colouring

combattre *v.* to fight

commencer *v.* to start

le **comportement** *n.m.* behaviour

comprendre *v.* to understand; to consist of; **compris** *p.p.* understood

un **compte rendu** *n.m.* report

compter *v.* to have; to include

un **concours** *n.m.* competition, contest

une **concurrence** *n.f.* competition

un, une **concurrent, concurrente** *n.m.,f.* competitor, contestant

conduire *v.* to drive

la **confiance** *n.f.* confidence, trust; **avoir confiance en quelqu'un / faire confiance à quelqu'un** *expr.* to trust someone

confier *v.* to confide

connaître *v.* to know; **connaître un succès, une défaite** *expr.* to experience success, defeat; **connaître un grand succès** *expr.* to be a hit

connu, connue *adj.* known

un **conseil** *n.m.* piece of advice; **des conseils** *n.m.pl.* advice

conseiller *v.* to recommend

constamment *adv.* constantly

construire *v.* to build

un **conte** *n.m.* story, folktale

contenir *v.* to contain

content, contente *adj.* happy

contester *v.* to question, to contest

contre *prép.* against

controversé, controversée *adj.* controversial

un, une **copain, copine** *n.m.,f.* friend

une **corde** *n.f.* string (on a musical instrument)

un **cornet** *n.m.* cone

corriger *v.* to correct

un **côté** *n.m.* side; **à côté de** *prép.* beside

coupable *adj.* guilty

couper *v.* to cut

une **cour** *n.f.* courtyard

couronner *v.* to crown

un **courriel** *n.m.* e-mail

un **courrier du cœur** *n.m.* advice column

une **course** *n.f.* race

court, courte *adj.* short

coûter *v.* to cost

couvert, couverte (de) *adj.* covered (in, with)

couvrir *v.* to cover; **se couvrir** *v.* to cover oneself

cracher *v.* to spit

créer *v.* to create

crémeux, crémeuse *adj.* creamy

creusé, creusée *adj.* dug

creuser *v.* to dig

une **crevette** *n.f.* shrimp

crier *v.* to shout

croire *v.* to believe

une **croix** *n.f.* cross

cru, crue *adj.* raw

une **cuillère** *n.f.* spoon

cuire *v.* to bake

une ; la **cuisine** *n.f.* kitchen; cooking

cuisiner *v.* to cook

la **cuisson** *n.f.* cooking

d'abord *adv.* first

d'accord ? *expr.* all right?; **être d'accord** *expr.* to agree

d'après *prép.* based on

une **dame** *n.f.* lady

danser *v.* to dance

un **début** *n.m.* beginning

des **déchets** *n.m.pl.* garbage

décidément *adv.* certainly, without a doubt

un **décor** *n.m.* set

décorer *v.* to decorate

une **découverte** *n.f.* discovery

découvrir *v.* to discover; **découvert** *p.p.* discovered

décrire *v.* to describe

décrit, décrite *adj.* described

une **défaite** *n.f.* defeat

défendre *v.* to protect

la **défensive** *n.f.* defence

un **défi** *n.m.* challenge

un **défilé** *n.m.* parade

défiler *v.* to parade

un **délice** *n.m.* treat

demander *v.* to ask

démarrer *v.* to start up a car

une **demi-finale** *n.f.* semi-final

une **dent** *n.f.* tooth

le **départ** *n.m.* departure

se **dépêcher** *v.* to hurry up

un **dépliant** *n.m.* leaflet, brochure

déporter *v.* to deport

depuis *prép.* since

descendre *v.* to come or go down; to get off

désolé, désolée *adj.* sorry

désordonné, désordonnée *adj.* untidy, disorderly

le **désordre** *n.m.* disorder, mess

dessiner *v.* to draw

le **dessus** *n.m.* top

détruire (il a détruit) *v.* to destroy (it destroyed)

devenir *v.* to become

un **devoir** *n.m.* homework

devoir *v.* to have to	
je dois	nous devons
tu dois	vous devez
il, elle, on doit	ils, elles doivent

un **diamant** *n.m.* diamond

un **dimanche** *n.m.* Sunday

dire (je dis) *v.* to say (I say); **dit** *p.p.* said; **j'ai dit** I said

discuter *v.* to discuss

un **disque** *n.m.* record

divers, diverse *adj.* various

un **divertissement** *n.m.* entertainment

divisé, divisée (en) *adj.* divided (into)

une **dixaine** *n.f.* about ten

un **doigt** *n.m.* finger

un **domicile** *n.m.* household

dommage *expr.* what a pity, shame

donner *v.* to give

dormir *v.* to sleep

une **douzaine** *n.f.* dozen

un **drapeau** *n.m.* flag

un **droit** *n.m.* right (legal)

la **droite** *n.f.* right; **à droite** *expr.* to the right

drôle *adj.* funny

dû (il a dû) had to (he had to) (*p.p.* of **devoir** to have to)

dû, due à *expr.* due to, because of

dur, dure *adj.* hard

durer *v.* to last

échanger *v.* to exchange

un **écran** *n.m.* screen

écrire *v.* to write

l' **écriture** *n.f.* writing

un, une **écrivain, écrivaine** *n.m.,f.* author, writer

un **édifice** *n.m.* building

un **effet** *n.m.* effect

les **effets sonores** *n.m.pl.* sound effects

l' **égalité** *n.f.* equality

une **église** *n.f.* church

égoïste *adj.* selfish

élevé, élevée *adj.* raised, erected

s' **éloigner** *v.* to move away

une **émission** *n.f.* program, show

un **emploi** *n.m.* job

un **emploi du temps** *n.m.* timetable

employer *v.* to use

empoisonné, empoisonnée *adj.* poisoned

emprunté, empruntée *adj.* borrowed

encercler *v.* to circle

enchanté, enchantée *adj.* pleased to meet you

endormi, endormie *adj.* asleep

un **endroit** *n.m.* place

énervant, énervante *adj.* annoying

un **enfant** *n.m.* child

s' **enfuir** *v.* to run away

engagé, engagée *adj.* committed

énigmatique *adj.* puzzling

une **énigme** *n.f.* riddle

enlever *v.* to take out, to take off

un **ennemi** *n.m.* enemy

un **enregistrement** *n.m.* recording

enregistrer *v.* to record

enrobé, enrobée *adj.* wrapped

ensemble *adv.* together

ensuite *adv.* next, then

entendre *v.* to hear

entier, entière *adj.* entire, whole

entre *prép.* between

entrer *v.* to go in

envers *prép.* towards

environ *adv.* about, approximately

les **environs** *n.m.pl.* neighbourhood, vicinity

envoyer *v.* to send

épaissir *v.* to thicken

une **épaule** *n.f.* shoulder

une **épée** *n.f.* sword; swordsman

une **époque** *n.f.* time period

une **épouse** *n.f.* wife

épouser *v.* to marry

une **équipe** *n.f.* team

un **escalier** *n.m.* staircase

un **escargot** *n.m.* snail

espagnol, espagnole *adj.* Spanish

essayer (de) *v.* to try (to)

établir *v.* to establish

une **étape** *n.f.* stage in a race or contest

un **état** *n.m.* state

été been (*p.p.* of **être** to be)

l' **été** *n.m.* summer

éteint, éteinte *adj.* extinct

s' **étendre (sur)** *v.* to stretch (over)

une **étiquette** *n.f.* label

une **étoffe** *n.f.* fabric, material

une **étoile** *n.f.* star

être *v.* to be	
je suis	nous sommes
tu es	vous êtes
il, elle, on est	ils, elles sont

eu (il a eu) had (he had) (*p.p.* of **avoir** to have)

s' **évanouir** *v.* to faint

un **événement** *n.m.* event

évidemment *adv.* of course

excentrique *adj.* eccentric

s' **exercer** *v.* to practise

---

une **expérience** *n.f.* experiment

expliquer *v.* to explain

exposer *v.* to exhibit

une **exposition** *n.f.* exhibition

exprimer *v.* to express

extrêmement *adv.* extremely

fabriquer *v.* to manufacture, to make

fabuleux, fabuleuse *adj.* fabulous

fâché, fâchée *adj.* angry

facile *adj.* easy

une **façon** *n.f.* fashion, way

un **facteur déterminant** *n.m.* determining factor

faible *adj.* weak

une **faiblesse** *n.f.* weakness

faim : avoir faim *expr.* to be hungry

faire *v.* to make, to do	
je fais	nous faisons
tu fais	vous faites
il, elle, on fait	ils, elles font

se **faire mal** *v.* to hurt oneself

fait done (*p.p.* of **faire** to do)

un **fait** *n.m.* fact

une **famille** *n.f.* family

un **fanion** *n.m.* pennant

le **fantastique** *n.m.* fantasy

fatigué, fatiguée *adj.* tired

faut : il faut *expr.* we have to

le **fer** *n.m.* iron (metal)

une **ferme** *n.f.* farm

fermer *v.* to close

Références

un, une **fermier, fermière** *n.m.,f.* farmer

féroce *adj.* ferocious, fierce

un, une **festivalier, festivalière** *n.m.,f.* festival-goer

une **fête** *n.f.* party, celebration

fêter *v.* to fete, to celebrate

le **feu** *n.m.* fire

une **feuille** *n.f.* leaf; sheet of paper

une **fève** *n.f.* bean

une **fiche** *n.f.* (index) card

fidèle *adj.* faithful

fier, fière *adj.* proud, full of oneself

figurer *v.* to play a role

un **fil** *n.m.* thread

un **filet** *n.m.* net

un **filet à provisions** *n.m.* string bag

une **fille** *n.f.* daughter

un **fils** *n.m.* son

une **fin** *n.f.* end

finir *v.* to finish

une **fleur** *n.f.* flower

un **fleuve** *n.m.* river

la **foi** *n.f.* faith

une **fois** *n.f.* time, occasion; **une fois** *expr.* once

un **fonctionnaire** *n.m.* public servant

fonctionner *v.* to work, operate

fonder *v.* to found

fondu, fondue *adj.* melted

la **fondue** *n.f.* fondue: a dish made from melted cheese

une **force** *n.f.* strength

une **forêt** *n.f.* forest

une **forme** *n.f.* shape

fort, forte *adj.* strong; loud

une **foule** *n.f.* crowd

un **four** *n.m.* oven

une **fourchette** *n.f.* fork

une **fourmi** *n.f.* ant

fournir *v.* to provide

franchir *v.* to break through

francophone *adj.* French-speaking

frapper *v.* to hit

la **fraternité** *n.f.* brotherhood

le **froid** *n.m.* cold; **il fait froid** *expr.* it's cold

froid, froide *adj.* cold

frotter *v.* to rub

la **fumée** *n.f.* smoke

le **futur proche** *n.m.* immediate future

G

gagnant, gagnante *n.m.,f.* winner

gagner *v.* to win

un **gant** *n.m.* glove

garantir *v.* to assure, to guarantee

garder *v.* to keep; to babysit

une **gare** *n.f.* railway station

un **gars** *n.m.* boy

gâté, gâtée *adj.* spoiled

un **gâteau** *n.m.* cake

la **gauche** *n.f.* left; **à gauche** *expr.* to the left

une **gaufre** *n.f.* waffle

généreux, généreuse *adj.* generous

génial, géniale *adj.* bright; great

un **génie** *n.m.* genie, a magic spirit

les **gens** *n.m.pl.* people

gentil, gentille *adj.* kind, nice

gentiment *adv.* kindly

le **(petit) gibier** *n.m.* (small) game

un **glaçage** *n.m.* icing

la **glace** *n.f.* ice

la **gloire** *n.f.* glory

une **gourde** *n.f.* gourd

gourmand, gourmande *adj.* greedy

un **goût** *n.m.* taste

goûter *v.* to taste

grâce à *prép.* thanks to

grand, grande *adj.* tall; great, large

la **Grande-Bretagne** *n.f.* Great Britain

grave *adj.* serious

gravement *adv.* seriously

une **gravure** *n.f.* engraving

grec, grecque *adj.* Greek

une **grenouille** *n.f.* frog

une **grille** *n.f.* grid

grillé, grillée *adj.* toasted

un **griot** *n.m.* professional story-teller in West Africa

gros, grosse *adj.* big

une **grotte** *n.f.* cave

guérir *v.* to cure

une **guerre** *n.f.* war

H

les **habitants** *n.m.pl.* inhabitants

haïtien, haïtienne *adj.* from Haiti

un **haricot** *n.m.* bean

le **hasard** *n.m.* luck, chance; **par hasard** *expr.* by chance, accidentally

la **hauteur** *n.f.* height

un **héritier** *n.m.* heir, someone who inherits

un **héros** *n.m.* hero

l' **heure : à l'heure du midi** *expr.* at noon time

heureusement *adv.* fortunately

heureux, heureuse *adj.* happy

une **histoire** *n.f.* story

l' **hiver** *n.m.* winter

un **homme d'État** *n.m.* statesman

honnête *adj.* honest

l' **honneur : en l'honneur de** *expr.* in honour of

un **hospice** *n.m.* residence for the elderly

un **humain** *n.m.* human being

humanitaire *adj.* humanitarian

une **idée** *n.f.* idea

une **île** *n.f.* island

un **immeuble** *n.m.* apartment building

immobile *adj.* motionless

inaugurer *v.* to begin

incorporer *v.* to add in

incroyable *adj.* unbelievable

incroyablement *adv.* unbelievably

un **indice** *n.m.* sign, clue

indiquer *v.* to indicate

indiscret, indiscrète *adj.* indiscreet, careless, unwise

infectieux, infectieuse *adj.* contagious

un, une **ingénieur, ingénieure** *n.m.,f.* engineer

ingénieux, ingénieuse *adj.* clever

inoubliable *adj.* unforgettable

s' **inquiéter (ne t'inquiète pas !)** *v.* to worry (don't worry!)

insérer *v.* to insert

s' **intéresser à** *v.* to be interested in

une **intrigue** *n.f.* plot of a story

un, une **invité, invitée** *n.m.,f.* guest

inviter *v.* to invite

l' **ivoire** *n.m.* ivory

jaloux, jalouse *adj.* jealous

jamais *adv.* never

une **jambe** *n.f.* leg

janvier *n.m.* January

jeter *v.* to throw away

un **jeu** *n.m.* game, play

un **jeu-questionnaire** *n.m.* quiz

un **jeu vidéo** *n.m.* video game

jeune *adj.* young

joli, jolie *adj.* pretty

un **jour** *n.m.* day

le **jour de l'An** *n.m.* New Year's Day

une **journée** *n.f.* day

un **juge** *n.m.* judge

les **jumeaux** *n.m.pl.* twins

jusqu'à *expr.* until

jusque *prép.* all the way to

juste *adj.* correct

un **klaxon** *n.m.* horn

là-bas *adv.* over there

laid, laide *adj.* ugly

laisser *v.* to let, allow; to leave

laisser tomber *v.* to drop

laissez le bon temps rouler ! *expr.* let the good times roll!

le **lait de coco** *n.m.* coconut milk

lancer *v.* to throw

une **langue** *n.f.* tongue; language

la **lave** *n.f.* lava

un **légume** *n.m.* vegetable

le **lendemain** *n.m.* the next day

lent, lente *adj.* slow

lequel, laquelle, lesquels, lesquelles *pron.* which one(s)

leur *pron. ; adj.* to them; their

libérer *v.* to set free

la **liberté** *n.f.* freedom, liberty

une **librairie** *n.f.* bookstore

libre *adj.* free

un **lien** *n.m.* relationship

un **lieu (des lieux)** *n.m.* place, scene (places); **avoir lieu** *expr.* to take place

une **lieue** *n.f.* league (old distance measurement)

lire *v.* to read

une **livraison** *n.f.* delivery

un **livret** *n.m.* booklet

un **logiciel** *n.m.* software

une **loi** *n.f.* law

loin de *prép.* far from

un **loisir** *n.m.* hobby, leisure activity

un **loup** *n.m.* wolf

lui (elle lui a servi son dîner) *pron.* to him, to her (she served dinner to him); **chez lui** *expr.* his home

une **lumière** *n.f.* light

une **lune** *n.f.* moon

lutter *v.* to fight

le **luxe** *n.m.* luxury

un **lycée** *n.m.* secondary school

Ⓜ

un **magasin** *n.m.* store

un **maillot** *n.m.* jersey

mais *adv.* but

un **maître** *n.m.* master

un **mal à tête** *n.m.* headache

une **maladie** *n.f.* disease

un **malentendu** *n.m.* misunderstanding

malhonnête *adj.* dishonest

malpropre *adj.* dirty

manger *v.* to eat

se **manifester** *v.* to show itself

manquer *v.* to miss

le **maquillage** *n.m.* make-up

un **marché** *n.m.* market

le **Mardi gras** *n.m.* Shrove Tuesday

marécageux, marécageuse *adj.* marshy

un **mari** *n.m.* husband

mariné, marinée *adj.* marinated

une **marionnette** *n.f.* puppet

marquer *v.* to score; to mark

un **masque** *n.m.* mask

le **matin** *n.m.* morning

une **matinée** *n.f.* morning

mauvais, mauvaise *adj.* bad

méchant, méchante *adj.* bad, evil; mean

mécontent, mécontente *adj.* unhappy

une **médaille** *n.f.* medal, medallion

un **médaillon** *n.m.* medallion

un **médecin** *n.m.* doctor

meilleur, meilleure *adj.* better

le, la **meilleur, meilleure** *adj.* best

le, la **meilleur, meilleure** *n.m.,f.* the best

un **mélange** *n.m.* mixture

la **mémoire** *n.f.* memory; **à la mémoire de** *expr.* in memory of

le **ménage** *n.m.* housework

mener *v.* to lead

un, une **menteur, menteuse** *n.m.,f.* liar

mentir *v.* to lie

une **mer** *n.f.* sea

mériter *v.* to deserve

merveilleux, merveilleuse *adj.* wonderful

un **message** *n.m.* announcement

un **métier** *n.m.* profession, job

un **mets** *n.m.* dish

mettre *v.* to put	
je mets	nous mettons
tu mets	vous mettez
il, elle, on met	ils, elles mettent

mettre au point *expr.* to develop

mettre le pied sur *expr.* to step on

le **midi** *n.m.* noon

un **milieu** *n.m.* setting; **au milieu de** *expr.* in the middle of

des **milliers** *n.m.pl.* thousands

minuscule *adj.* tiny

mis (il/elle a mis) put (he/she put) (*p.p.* of **mettre** to put)

moche *adj.* lousy, ugly

la **mode** *n.f.* fashion

un **mode** *n.m.* way

moins *adv.* less; **moins… (que)** *adv.* less… (than)

la **moitié** *n.f.* half

le **monde** *n.m.* world

une **monnaie** *n.f.* coin

une **montagne** *n.f.* mountain

monter *v.* to go up

montrer *v.* to show

un **morceau** *n.m.* piece

une **mort** *n.f.* death

mort, morte *adj.* dead

un **mot-lien** *n.m.* connector

un **motif** *n.m.* motive, reason

motiver *v.* to motivate

un **mouchoir** *n.m.* handkerchief

mouillé, mouillée *adj.* soaked, wet

mourir *v.* to die

un **mousquetaire** *n.m.* musketeer

un **mouton** *n.m.* sheep

le **Moyen-âge** *n.m.* Middle Ages

le **Moyen-Orient** *n.m.* Middle East

muet, muette *adj.* silent

un **mur** *n.m.* wall

mûrir *v.* to mature; to ripen

un **musée** *n.m.* museum

N

nager *v.* to swim

la **naissance** *n.f.* birth

narrer *v.* to narrate

un **navire** *n.m.* ship

né, née *adj.* born

nettoyer *v.* to clean

un **nez** *n.m.* nose

un **nombre** *n.m.* number

nombreux, nombreuse *adj.* many, numerous

le **nord** *n.m.* north

noter *v.* to write down

nourrir *v.* to feed

la **nourriture** *n.f.* food

nouveau, nouvelle *adj.* new

un **numéro** *n.m.* issue (of a magazine)

O

obliger *v.* to require

occidental, occidentale *adj.* western

occupé, occupée *adj.* busy

une **odeur** *n.f.* odour, smell

un **oignon** *n.m.* onion

un **oiseau** *n.m.* bird

onduler *v.* to wave

l' **or** *n.m.* gold

un **ordinateur** *n.m.* computer

les **ordures** *n.f.* garbage

organisé, organisée *adj.* organized

organiser *v.* to organize; **s'organiser** *v.* to get organized

originaire de *adj.* native of

ôter *v.* to remove

l' **oubli : tomber dans l'oubli** *expr.* to fall from public view

oublier *v.* to forget

un **ours polaire** *n.m.* polar bear

un **outil** *n.m.* tool

ouvert, ouverte *adj.* open

ouvrir *v.* to open; **ouvert** *p.p.* opened

P

une **page couverture** *n.f.* cover page

le **pain** *n.m.* bread

la **paix** *n.f.* peace

un **palmier** *n.m.* palm tree

un **panier** *n.m.* basket

un **paradis** *n.m.* paradise

parce que *conj.* because

parcourir *v.* to travel across

par-dessus *prep.* over

paresseux, paresseuse *adj.* lazy

parfois *adv.* sometimes

parler à *v.* to talk to

parmi *prép.* among

les **paroles** *n.f.pl.* words

partagé, partagée *adj.* shared

partager *v.* to share

particulier, particulière *adj.* special

une **partie** *n.f.* part; **faire partie de** *expr.* to be a member of

---

partir *v.* to leave

je pars	nous partons
tu pars	vous partez
il, elle, on part	ils, elles partent

à partir de *expr.* from this time on

partout *adv.* everywhere

passé, passée *adj.* past

le **passé composé** *expr.* past perfect tense

un **passe-temps** *n.m.* hobby, leisure activity

passer *v.* to pass, to spend; **passer le temps à** *expr.* to spend time se **passer** *v.* to happen

une **pâte** *n.f.* dough

la **pâte à la cannelle** *n.f.* cinnamon roll

un **patron** *n.m.* boss

une **paume** *n.f.* palm of the hand

un **pauvre** *n.m.* a poor person; **pauvre** *adj.* poor

un **pays** *n.m.* country

la **peau** *n.f.* skin

la **pêche** *n.f.* fishing

la **peine** *n.f.* sadness; **faire de la peine à** *expr.* to upset, make somebody sad

la **peinture** *n.f.* painting (art form)

pendant *prép.* during

pendant que *conj.* while

penser *v.* to think

perdre *v.* to lose

perdu, perdue *adj.* lost

une **perle** *n.f.* bead

permettre *v.* to allow, to permit

permis, permise *adj.* allowed

un **personnage** *n.m.* character in a story

(ne)… personne *pron.* no one

une **personne** *n.f.* person

un **petit déjeuner** *n.m.* breakfast

un **peuple** *n.m.* population, nationality

la **peur** *n.f.* fear; **avoir peur** *expr.* to be afraid

peureux, peureuse *adj.* fearful

une **pièce de théâtre** *n.f.* play

un **pied** *n.m.* foot; **à pied** *expr.* on foot; **aller à pied** *expr.* to walk

un **piège** *n.m.* trap; **tendre un piège** *expr.* to set a trap

une **pierre** *n.f.* stone

un **pion** *n.m.* piece for playing a game

un **pique-nique** *n.m.* picnic

piquer *v.* to jab, to prick

pire *adj.* worse

le, la **pire** *n.m.,f.* the worst

une **pirogue** *n.f.* dugout canoe

une **pistache** *n.f.* pistachio

une **plage** *n.f.* beach

une **planche** *n.f.* game board

une **planche à laver** *n.f.* washboard

un **plancher** *n.m.* floor

un **plat** *n.m.* dish of prepared food; **plat principal** *expr.* main course (in a restaurant)

un **plateau** *n.m.* platter

plein, pleine *adj.* full

pleurer *v.* to cry

pleuvoir *v.* to rain; **il pleut** *expr.* it's raining

la **pluie** *n.f.* rain

la **plupart** *n.f.* most, the majority

plus… (que) *adv.* more… (than)

plusieurs *adj.* several; many

un **poêlon** *n.m.* pan

pointu, pointue *adj.* pointed

un **pois** *n.m.* pea

un **poisson** *n.m.* fish

une **poitrine** *n.f.* chest

la **Pologne** *n.f.* Poland

une **pomme de terre** *n.f.* potato

un **pont** *n.m.* bridge

porter *v.* to wear; to carry

poser *v.* to ask (a question); **se poser des questions** *v.* to ask oneself questions

une **poubelle** *n.f.* garbage container

pourquoi *conj. et adv.* why

poursuivre *v.* to pursue

une **pousse de soja** *n.f.* bean sprout

pousser *v.* to push

pouvoir *v.* to be able to; can, may	
je peux	nous pouvons
tu peux	vous pouvez
il, elle, on peut	ils, elles peuvent

le **pouvoir** *n.m.* power

préciser *v.* to specify

prédire *v.* to predict

préféré, préférée *adj.* favourite

premier, première *adj.* first

prendre *v.* to take; **pris** *p.p.* taken; **prendre des notes** *expr.* to take notes; **prendre soin de** *expr.* to take care of

une **préparation** *n.f.* directions (for baking)

près de *prép.* near

presque *adv.* almost

prêt, prête *adj.* ready

une **preuve** *n.f.* proof

prévoir *v.* to anticipate, to plan

prévu, prévue *adj.* arranged

une **prime** *n.f.* bonus

principal, principale *adj.* main

le **printemps** *n.m.* spring

pris, prise *adj.* taken

un **prix** *n.m.* price; award, prize

prochain, prochaine *adj.* next; **la prochaine fois** *expr.* next time

se **proclamer** *v.* to proclaim

produire *v.* to produce

un **produit** *n.m.* product; **produit de la ferme** *n.m.* farm produce

un **projet** *n.m.* plan

promettre *v.* to promise

promis, promise *adj.* promised

propre *adj.* clean; own (before the noun)

protégé, protégée *adj.* favoured, protected

protéger *v.* to protect

les **provisions** *n.f.pl.* groceries

publier *v.* to publish

puis *adv.* then

Q

quel, quelle *adj.* what

quelques *adj.* a few

quitter *v.* to leave

R

raconter *v.* to tell

un **radical** *n.m.* verb stem

un **rafraîchissement** *n.m.* refreshment

la **raison** *n.f.* reason; **avoir raison** *expr.* to be right

un **rallye** *n.m.* car rally

ramasser *v.* to pick up

un **rameur** *n.m.* paddler

rangé, rangée *adj.* orderly, neat, tidy

rapide *adj.* fast

rapporter *v.* to report; to bring back; **rapporter les paroles d'une personne** to tell what someone said

une **raquette** *n.f.* racquet

une **réalisation** *n.f.* accomplishment

le **rebord de la fenêtre** *n.m.* windowsill

une **recette** *n.f.* recipe

recevoir *v.* to receive; **reçu** *p.p.* received; **il a reçu** it/he received

recherché, recherchée *adj.* sought-after

des **recherches** *n.f.pl.* research

un **récipient** *n.m.* container

une **récompense** *n.f.* reward

(se) **reconnaître** *v.* to recognize

reconnu, reconnue *adj.* well-known

recouvert, recouverte (de) *adj.* covered (in, with)

reçu, reçue *adj.* received

un **recueil de poésie** *n.m.* collection of poems

redonner *v.* to give back

réfléchir *v.* to think, to reflect

regarder *v.* to look at

un **régime** *n.m.* diet

un **règne** *n.m.* reign, period of power

une **reine** *n.f.* queen

se **relever** *v.* to get up

relire *v.* to read again

remarquer *v.* to notice

remercier *v.* to thank

remplacer *v.* to replace

remplir *v.* to fill

un **remue-méninges** *n.m.* brainstorming; **faisons un remue-méninges** let's brainstorm

un **renard** *n.m.* fox

une **rencontre** *n.f.* meeting

rencontrer *v.* to meet

un **rendez-vous** *n.m.* appointment, meeting

rendre hommage à *expr.* to pay tribute to

renfermer *v.* to include

des **renseignements** *n.m.pl.* information

renseigner *v.* to inform

rentrer *v.* to return, to come back; to go home

renversé, renversée *adj.* overturned, spilled

repartir *v.* to leave, to start off again

répondre *v.* to answer

le **repos** *n.m.* rest; **un jour de repos** *expr.* day off

reprendre *v.* to catch

réprimandé, réprimandée *adj.* reprimanded, scolded

un, une **rescapé, rescapée** *n.m.,f.* rescued person

résoudre *v.* to solve

respectueux, respectueuse *adj.* respectful

respirer *v.* to inhale

une **responsabilité** *n.f.* responsibility

responsable *adj.* responsible

ressembler à *v.* to look like

rester *v.* to remain, to stay

un **résumé** *n.m.* summary

résumer *v.* to summarize

retard : en retard *expr.* late

retarder *v.* to make late

retour : être de retour *expr.* to be back

retourner *v.* to return, to go back

rétrécir *v.* to narrow

se **retrouver** *v.* to meet

se **réunir** *v.* to meet, to come together

réussir *v.* to succeed; to bring off

un **rêve** *n.m.* dream

révéler *v.* to reveal

revenir *v.* to come back

un **risque** *n.m.* risk

une **rive** *n.f.* bank

le **riz** *n.m.* rice

les **Rocheuses** *n.f.pl.* Rocky Mountains

un **roi** *n.m.* king; **les Rois Mages** *expr.* the Three Wise Men

un **roman** *n.m.* novel

un **roman-photo** *n.m.* story told with photos and speech bubbles

rouler *v.* to roll

une **rue** *n.f.* street

une **rumeur** *n.f.* rumour

rusé, rusée *adj.* sly, cunning

 S

le **sable** *n.m.* sand

un **sac** *n.m.* bag

un **sac de voyage** *n.m.* travelling bag

sain, saine *adj.* healthy

saisir *v.* to seize

une **saison** *n.f.* season

salir *v.* to make dirty

sans doute *expr.* no doubt, probably

sans *prép.* without

sauf *prép.* except

sauver *v.* to save

savoir *v.* to know (a fact)
je sais	nous savons
tu sais	vous savez
il, elle, on sait	ils, elles savent

une **scène** *n.f.* scene

scientifique *adj.* scientific

un, une **scientifique** *n.m.,f.* scientist

sec, sèche *adj.* dry

la **sécurité** *n.f.* safety

une **semaine** *n.f.* week

semblant : faire semblant *expr.* to pretend

un **sens** *n.m.* meaning

un **sentiment** *n.m.* feeling

une **série télévisée** *n.f.* television series

servir *v.* to serve

un **serviteur** *n.m.* servant

la **servitude** *n.f.* forced labour

seul, seule *adj.* alone

un **siècle** *n.m.* century

un **sifflet** *n.m.* whistle

signifier *v.* to mean

un **singe** *n.m.* monkey

une **sirène** *n.f.* siren

le **soir** *n.m.* evening

une **somme** *n.f.* sum

un **son** *n.m.* sound

sonner *v.* to ring

sortir *v.* to go out
je sors	nous sortons
tu sors	vous sortez
il, elle, on sort	ils, elles sortent

un **sou** *n.m.* penny

souffrir *v.* to suffer

souligner *v.* to underline

souriant, souriante *adj.* smiling

sous *prép.* under

sous-marin *adj.* submarine

un **sous-titre** *n.m.* sub-title

soutenir *v.* to support

un **souvenir** *n.m.* memory

souvent *adv.* often

la **souveraineté** *n.f.* self-rule

un **spectacle** *n.m.* show, performance

sportif, sportive *adj.* athletic

un **stade** *n.m.* stadium

le **sucre** *n.m.* sugar

sucré, sucrée *adj.* sweet

le **sud** *n.m.* south

suffisant, suffisante *adj.* sufficient, enough

suggérer *v.* to suggest

suivant, suivante *adj.* following, next

suivre *v.* to follow

un **sujet** *n.m.* topic, subject; **au sujet de** *expr.* about

supplémentaire *adj.* additional, extra

surtout *adv.* especially

survivant, survivante *n.m.,f.* survivor

sympa *adj.* nice

un **tableau** *n.m.* painting (piece of art)

une **tâche** *n.f.* task

la **taille** *n.f.* size

une **tante** *n.f.* aunt

une **tarte à la viande** *n.f.* meat pie

une **tasse** *n.f.* cup

le **temps** *n.m.* time; weather; **de temps en temps** *expr.* from time to time

une **tendance** *n.f.* tendency

tendre un piège *expr.* to set a trap

tenir (on tient) *v.* to hold (is held)

la **tenue de soirée** *n.f.* formal dress

une **terminaison** *n.f.* ending

terminer *v.* to finish

se **terminer** *v.* to end

un **terrain** *n.m.* playing field

une **terrasse** *n.f.* patio of a café

terre : à terre *expr.* on the ground

têtu, têtue *adj.* stubborn

un **tintamarre** *n.m.* hullabaloo

tirer *v.* to pull; **il tire son origine de** *expr.* it originates from

un **titre** *n.m.* title

tomber *v.* to fall down

tordre *v.* to twist

une **tortue** *n.f.* tortoise; turtle

tôt *adv.* early

un **tour** *n.m.* turn; trick

un **tournoi** *n.m.* tournament

une **tourtière** *n.f.* meat pork pie

tout de suite *expr.* immediately

tout le monde *expr.* everybody

train : être en train de *expr.* to be doing something

un **traité** *n.m.* treaty, agreement

un **traitement** *n.m.* treatment

transmettre *v.* to pass on

un **travail** *n.m.* homework; work

travailleur, travailleuse *adj.* hardworking

traverser *v.* to cross

tremper *v.* to dip

une **tricherie** *n.f.* cheat, cheating

un, une **tricheur, tricheuse** *n.m.,f.* cheater

tromper *v.* to deceive, fool

une **trompette** *n.f.* trumpet

un **tronc** *n.m.* tree trunk

un **trou** *n.m.* hole

un **troupeau** *n.m.* herd

trouver *v.* to find

se **trouver** *v.* to be located

typique *adj.* typical

utile *adj.* useful

utiliser *v.* to use

va, vas goes, go (**aller** *v.* to go): **elle va** she goes; **tu vas** you are going

les **vacances** *n.f.pl.* holidays

un **vaisseau spatial** *n.m.* spacecraft

les **valeurs** *n.f.pl.* values

valoir (il vaut) *v.* to be worth (it is worth)

vaniteux, vaniteuse *adj.* vain

la **vapeur** *n.f.* steam

varié, variée *adj.* varied

une **variété** *n.f.* variety

une **vedette** *n.f.* celebrity, star

une **veine** *n.f.* vein

venant coming (**venir** *v.* to come)

vendre *v.* to sell

vendredi *n.m.* Friday

vendu, vendue *adj.* sold

venir *v.* to come
je viens   nous venons
tu viens   vous venez
il, elle, on vient   ils, elles viennent

venir de *v.* to come from

venu(e) *p.p.* came; **elle est venue** she came

un **ver de terre** *n.m.* earthworm

un **verbe composé** *n.m.* compound verb

un **vernissage** *n.m.* art, or gallery preview

un **verre (de plastique)** *n.m.* (plastic) glass

vers *prép.* towards

vert, verte *adj.* green

les **vêtements** *n.m.pl.* clothes

vêtu, vêtue (de) *adj.* dressed in, wearing

un **viaduc** *n.m.* viaduct

la **viande** *n.f.* meat

une **victoire** *n.f.* victory

vide *adj.* empty

vider *v.* to empty

une **vie** *n.f.* life

vieux (vieil), vieille *adj.* old; **(mon) vieux** *expr.* buddy

un **vilain** *n.m.* villain; **vilain, vilaine** *adj.* bad

un, une **villageois, villageoise** *n.m.,f.* villager

le **vin** *n.m.* wine

un **violon** *n.m.* violin, fiddle

la **vitesse** *n.f.* speed; **à toute vitesse** *expr.* very quickly

la **vitrine** *n.f.* store window

vivant, vivante *adj.* alive

vivre de *v.* to live on

voir *v.* to see

je vois	nous voyons
tu vois	vous voyez
il, elle, on voit	ils, elles voient

un, une **voisin, voisine** *n.m.,f.* neighbour

une **voix** *n.f.* voice

un **volcan** *n.m.* volcano

voler *v.* to steal

un, une **voleur, voleuse** *n.m.,f.* thief

un, une **volontaire** *n.m., f.* volunteer

vouloir *v.* to want

je veux	nous voulons
tu veux	vous voulez
il, elle, on veut	ils, elles veulent

un **voyage** *n.m.* trip

un, une **voyageur, voyageuse** *n.m.,f.* traveller

vrai, vraie *adj.* real, true

vraiment *adv.* really

vu seen (*p.p.* of **voir** to see)

Illustrations et photographies

L'Éditeur a tenté de retracer les propriétaires des droits de tout le matériel dont il s'est servi. Il acceptera avec plaisir toute information qui lui permettra de corriger les erreurs de référence ou d'attribution.

Stratégies (pages vi à viii)

p. vi (centre, bas) Ray Boudreau ; p. vii (haut, centre, bas) Ray Boudreau ; p. viii (haut) Ray Boudreau ; (centre) Dave Starrett

Expo 1900 (pages 1 à 26)

Illustrations

p. 1 (centre) Scott Cameron ; p. 1 (bas à droite) Paul McCusker ; p. 2 (centre à droite), 3 (haut centre), 8 (haut centre), 9 (à gauche et centre), 14-15, 16 (centre à gauche) Scott Cameron ; p. 3 (à gauche), 4 (à gauche), 6 (à gauche), 11 (à droite), 16 (à gauche), 18 (centre à droite), 22 (à gauche), 26 (à gauche) Clarence Porter ; p. 10 (bas à gauche), 12 (centre) David Bathurst ; p. 11 (bas à gauche) Wesley Bates ; p. 13 (centre) Paul McCusker

Photographies

p. 3, 4, 5, 6, 7, 8, 9, 11, 12, 13, 16, 17, 18, 19, 22, 23, 24 (l'intérieur du musée) Ray Boudreau ; p. 1 (haut à gauche) Mary Evans Picture Library ; p. 1 (haut à droite) © Swim Ink/CORBIS/MAGMA ; p. 1 (bas à gauche) © The Advertising Archive ; p. 2A : Mary Evans Picture Library ; p. 2B : © Jose Luis Pelaez, Inc./CORBIS/MAGMA ; p. 2D : © Neil Beer/PhotoDisc/Getty Images ; p. 2E : Courtesy of CadyTech, www.cadytech.com ; p. 3F : © The Advertising Archive ; p. 3G : © Musée de la Poste—Paris ; p. 4 © Erich Lessing/Art Resource, NY ; p. 5 Mary Evans Picture Library ; p. 6 (haut) Mary Evans Picture Library ; p. 6 (centre) © Bettmann/CORBIS/MAGMA ; p. 7 (à gauche) © Jose Luis Pelaez, Inc./CORBIS/MAGMA ; p. 7 (haut et centre à droite) Avec la permission du Comité de la Maison Natale de Louis Braille ; p. 7 (bas à droite) © Scott Gilchrist/Wonderfile ; p. 8 Roger-Viollet, Paris ; p. 9 Photographie : Le Bon Marché Rive Gauche ; p. 11 (haut à gauche et bas à droite) Roger-Viollet, Paris ; p. 12 Mary Evans Picture Library ; p. 13 © Musée de la Poste—Paris ; p. 14 © Hulton Archive/Getty Images ; p. 16 (à gauche) Mary Evans Picture Library ; p. 16 (à droite) Avec la permission de l'Institut Pasteur, Paris ; p. 17 (à gauche) Mary Evans Picture Library ; p. 17 (à droite) © Bettmann/CORBIS/MAGMA ; p. 18 (haut à gauche) Photographie : Le Bon Marché Rive Gauche ; p. 18 (centre) United States National Parks Service ; p. 18 (bas à gauche) Roger-Viollet, Paris ; p. 18 (haut à droite) © Bettmann/CORBIS/MAGMA ; p. 19 © The Advertising Archive ; p. 20-21 Ray Boudreau ; p. 22 (centre) © Swim Ink/CORBIS/MAGMA ; p. 22 (bas à gauche) © Gianni Dagli Orti/CORBIS/MAGMA ; p. 23 © Erich Lessing/Art Resource, NY ; p. 24 © Giraudon/Art Resource, NY ; p. 25 Ray Boudreau ; p. 26 (Dumas) © Hulton Archive/Getty Images ; p. 26 (Pasteur) Mary Evans Picture Library ; p. 26 (Monet) © AFP/CORBIS/MAGMA ; p. 26 (Eiffel) © Bettmann/CORBIS/MAGMA ; p. 26 (Verne) © Musée de la Poste—Paris ; p. 26 (Curie, Toussaint-Louverture, Hugo) Mary Evans Picture Library ; p. 26 (Mme Boucicaut) Le Bon Marché Rive Gauche ; p. 26 (Bernhardt) © Swim/Ink/CORBIS/MAGMA

Ado Monde (pages 27 à 49)

Illustrations

p. 27 (à l'arrière-plan) Artbase Inc.; p. 49 (haut) David Bathurst

Photographies

p. 27, 28-39, 41-43, 46-49 Ray Boudreau ; p. 28-29 (à l'arrière-plan), 30 (haut à droite), 30-31 (à l'arrière-plan), 34 (à l'arrière-plan), 35 (centre à droite), 37 (à l'arrière-plan), 40-41 (à l'arrière-plan), 42 (haut à droite), 44 (haut à gauche), 44-45 (à l'arrière-plan), 47 (à l'arrière-plan), 48 (haut à droite) Artbase Inc. ; p. 33 (bas à droite) Stephen Simpson/Taxi/Getty Images ; p. 33 (bas centre) Spencer Grant/Photo Edit ; Darrell Lecorre/Masterfile ; p. 44 (bas à droite) David Getty/Young Wolff Images ; p. 45 (haut) Photo Disc/Artbase Inc.

Vagabonds de l'espace (pages 50 à 75)

Illustrations

p. 50, 51-58, 60-62, 64-66, 68-72 Craig Terlson

Photographies

p. 50, 51 (à l'arrière-plan), 54 (haut à droite), 63 (à l'arrière-plan), 64 (haut à droite), 68 (haut à droite), 73 (à l'arrière-plan, haut à gauche) Artbase Inc. ; p. 73, 74-75 Ray Boudreau

Fêtes et Mardi gras (pages 77 à 99)

Illustrations

Stephan Harris

Photographies

p. 77, 78 (centre) Ray Boudreau ; p. 78 (haut) © Owen Franken/CORBIS/MAGMA ; p. 79 (haut) © SuperStock ; p. 79 (centre) © Sara Essex ; p. 79 (bas) © Stuart Wasserman, photographe ; p. 80-82 Ray Boudreau ; p. 84 (haut) Ray Boudreau ; p. 84 (bas) © Philip Gould/CORBIS/MAGMA ; p. 85 (haut à droite) © Sara Essex, PhotoDisc/Cole Group/Getty Images, © Owen Franken/CORBIS/MAGMA, © Sara Essex ; p. 85 (bas à gauche) avec la permission de Bluebird Press ; p. 86-88 Ray Boudreau ; p. 90 © Kent Hutslar ; p. 90 © Frank Staub/Index Stock ; p. 91 Ray Boudreau ; p. 92 avec la permission du Festival acadien de Caraquet ; p. 93 (haut à gauche) avec la permission du Festival acadien de Caraquet ; p. 93 (haut à droite) © Yvon Cormier/Festival acadien de Caraquet ; p. 95-99 Ray Boudreau

Sous un soleil imaginaire (pages 101 à 125)

Illustrations

p. 101 (bas), 102 (à gauche), 104-109 (centre), 111 (haut à gauche), 112 (haut), Simon Ng ; p. 101 (à droite), 102 (haut centre, bas centre), 103 (haut à gauche, bas à gauche), 114-117, 119-121 (centre) Clarence Porter ; p. 102-103 (centre) Rob Johannsen ; p. 101 (à gauche), 103 (haut à droite), 110, 113 (bas) Marion Stuck ; p. 111 (bas à gauche) Heather Holbrook ; p. 111 (haut à droite, bas à droite) Lisa Ringnalda ; p. 112 (bas) Lisa Rotenberg ; p. 113 (haut) Daphne McCormack

Photographies

p. 122-123, 125 Dave Starrett ; p. 124 Ray Boudreau

Le tour du monde francophone (pages 126 à 159)

Illustrations

p. 128-129, 133, 134 (haut centre), 137, 138, 139, 142, 143 (haut à gauche), 147, 148 (centre), 149, 150 (centre à gauche), 151, 152, 153 Cindy Jeftovic ; p. 127, 130, 132, 134 (centre à gauche), 135, 136, 140-141 (haut centre), 146, 148 (bas à gauche), 150 (centre à droite), 155 Leif Peng ; p. 144 Michael Cho

Photographies

p. 126 (centre) Prisma Dia/Nacivet/Index Stock Imagery ; p. 126 (centre à gauche) Artbase Inc. ; p. 127 © AFP/CORBIS/MAGMA ; p. 130 (haut) © Bob Handelman/Stone ; p. 130 (haut centre) Artbase Inc. ; p. 131 (haut) © Rob Matheson/The Stock Market/Firstlight.ca ; p. 131 (haut à gauche) Artbase Inc. ; p. 132 (haut centre) Artbase Inc. ; p. 134 (bas) © Robert Freid/Stock Boston ; p. 136 (haut à droite) Artbase Inc. ; p. 136 (bas à gauche) Artbase Inc. ; p. 137 (haut) © AFP/CORBIS/MAGMA ; p. 138 (haut à gauche) © Commenius, 1658/Picture Quest ; p. 138 (bas) © Yann Arthus-Bertrand/CORBIS/MAGMA ; p. 139 (haut) © Paul Almasy/CORBIS/MAGMA ; p. 140 (centre) © Vanni Archive/CORBIS/MAGMA ; p. 141 (haut) © Vanni Archive/CORBIS/MAGMA ; p. 142 (bas centre) © Archivo Iconografico/CORBIS/MAGMA ; p. 142 (à l'arrière-plan) © Food Pix ; p. 142 (bas à gauche) Artbase Inc. ; p. 143 (haut) Artbase Inc. ; p. 146 (centre) © AFP/CORBIS/MAGMA ; p. 146 (à l'arrière-plan) © Yann Arthus-Bertrand/CORBIS/MAGMA ; p. 148 (bas) © Yann Arthus-Bertrand/CORBIS/MAGMA ; p. 150 (bas) © Yann Arthus-Bertrand/CORBIS/MAGMA ; p. 151 (haut) © Owen Franken/CORBIS/MAGMA ; p. 151 (bas à droite) Artbase Inc. ; p. 152 (haut) © Nik Wheeler/CORBIS/MAGMA ; p. 153 (haut à droite) © CORBIS/MAGMA ; p. 157 (bas à droite) © Cordaiy Photo Library/CORBIS/MAGMA ; p. 157 (bas à gauche) © B. Vikander/Art Directors ; p. 154-155 (centre) © Joe Carini/Index Stock Imagery